JN004235

なりたい自分になる

引き寄せ数秘術の教科書

水谷奏音

河出書房新社

はじめに

「占いは苦手だけれど、数秘術は好き」

どんな占術を主に扱っているのかを聞かれて、私が「数秘術です」と答えると、多くの人から言われるのがこの言葉です。

言った本人は「明確な理由はわからない」としながらも、「数秘術は何かが違う」と感じているのでしょう。じつはこの言葉、けっこう奥が深いと思っています。

確かに、「数秘術」はほかの占いとは趣が異なる、ちょっと不思議な占術です。そこが不可思議な魅力を放ち、占いを苦手としている人にも人気があるのでしょう。

占いというと、「未来は決まっている」という決定論的な印象を持たれがちです。それこそが占いを苦手としている人たちの共通認識ではないでしょうか。実際、占いには決定論的な考えが根づいている部分がまだまだあります。

では、数秘術はどうでしょう。

じつは数秘術には、占い特有の決定論的な発想は最初からありません。ここがほかの占いとの決定的な違いだといえるでしょう。

占いが苦手なのに数秘術に抵抗がない人、また数秘術がむしろ好きな人は、本能的にこのことを察しているのかもしれません。

数のエネルギーを理解し、数字の特性を取り入れる占術

なんといっても数秘術の最大の魅力は、「吉凶がないこと」です。「３」だからよくて、「７」はダメ、ということがありません。数《かず》にはそれぞれの個性はありますが、優劣は存在しないのです。そのため、否定的な断定や制限もありません。

「結婚をするのによい年、逆にダメな年はありますか？」とか、「よい年」「ダメな年」をどうやって見分ければよいのか、などという質問をよく受けます。

確かに結婚や就職など、人生に大きく関わる事柄について運勢が気になるのは当たり前ですよね。

ですが、数秘術にはそもそも吉凶がありませんから、「８」は結婚に向いていて、「９」の年には結婚しないほうがよい、などと断定することはできません。

「よい年」「ダメな年」という見方ではなく、人生の大事な節目において、数のエネルギーをどう取り入れたいのか――自分にとって納得できる数字を選ぶのが数秘術の考え方です。

例えば、何かを始めるに当たって、流れを変えたい、スタートのタイミングが大事だと強く思うなら「１」の年がよいでしょうし、つながりや絆を深めていきたいと思うなら「２」の年が、土台を築いていく大事な年だと思うなら「４」の年がよいといえます。

数のエネルギーを知らなくても、自身に大事な気づきを促してくれていると感じる「縁の深い数字」があるという人もいるかもしれません。あるいは、ある特定の数字が好きな人や、自分のラッキーナンバーだと捉えている人もいるでしょう。

そんな数字がある人は、ぜひその数字を積極的に人生に取り入れてください。また、その数字に合わせて、自分が大事だと感じている節目に何かを始めるのもおすすめです。

ここで、最も有名な香水のお話を。

「シャネル N° 5」は、シャネルブランドを象徴する商品ですが、これは年代を問わず周知の事実ではないでしょうか。

フランスのファッションデザイナーであるココ・シャネルの、数秘術におけるライフ・パス・ナンバーは「11」です。「5」がどこかにあるのではないか、と期待しながら探したのですが、残念ながらほかのコア・ナンバーズを調べても「5」はありませんでした。

ただ、シャネルは修道院時代から「5」との関わりが多く、「5」という数字に純粋で神秘的なものを感じていたようです。それはもしかしたら、シャネルのライフ・パス・ナンバー「11」の持つ「直感」が、彼女にもたらした「幸運を引き寄せる数字」だったのかもしれません。

「5」は「自由」「冒険心」「発展的」など「変化」を表す数。実際にシャネルは、「5」を自分にとって幸運を招く数字であると考えており、「シャネル N° 5」の命名についても、運のよい名前だからそのまま使うと言い、「5」を取り入れたのだそうです。その後の爆発的な人気については、ここで記す必要はないでしょう。

ちなみにシャネルは、「ドレスコレクションを、5番目の月である5月5日に発表する」と言って、大成功を収めたそうです。

このように、自分にとって特別な数字、特に「幸運を招く数字」だと認識している場合は、その数字と関わることによって、運を引き寄せ、輝かしい未来への扉を開く可能性があります。

数のエネルギーを味方につけること――それは自分の可能性を広げていくことだと、私は強く感じています。

本書の数秘術は、「自分は意味のある存在だ」「自分には価値がある」「自分はたった一人の特別な存在だ」と自身を肯定したい人、「自分をもっと大事にしたい」「今よりもっと人生を充実させたい」と願う人、そして、「幸運を引き寄せて人生を豊かにしたい」「成功したい」「開運したい」と望んでいる、すべての人にとって有効だと思っています。

数秘術と「引き寄せ」が好相性のわけ

「引き寄せが好きな人は、占いが好きじゃない」

——このことは何度か耳にしたことがあります。そんな人にも、本書は有効だときっと感じていただけるでしょう。

なぜなら、現代の数秘術である「モダン・ヌメロロジー」が生み出された背景には、「引き寄せ」に近い発想がもともとあるからです。せっかくですから、ここで少しその歴史にも触れておきましょう。数秘術と「引き寄せ」がつながっていることを、きっと感じていただけるはずです。

モダン・ヌメロロジーを考案したのは、ミセス・L・ダウ・バリエッタというアメリカ人女性です。バリエッタは1847年生まれ。アメリカでは19世紀後半から20世紀初頭にかけて「メタフィジカル・ムーブメント」が起こっていました。このムーブメントのひとつに「ニューソート」という思想があり、これがバリエッタの数秘術誕生の背景に関係していると考えられます。

ニューソートは、日本では「精神世界」や「スピリチュアル」と呼ばれるものの源流のひとつです。じつはここが本書のタイトルにもある「引き寄せ」と大きく関わってくる思想です。

ニューソートには、生まれながらに決まっている自分の運命、つまり、それまで提唱されてきた決定論に疑問を呈し、新しい思考を取り入れることによって、人生を自分の手でよりよいものに変えていこうとする発想があります。「心のあり方」を変えることが、望む現実を創っていくという発想です。

これはまさしく、「引き寄せ」の原点ともいえるでしょう。

当時の世界観には、この宇宙が「目に見えない霊的な領域」と「目に見える物質的な領域」のふたつに大きく分けられているという前提があります。その目に見えない霊的な領域につながることで、「心身の健康が得られる」という発想もありました。

バリエッタが提唱する「数」の哲学には、こうしたニューソートの発想に近いものがあったのです。このことからも、バリエッタの思想が反映されている現代の数秘術には、いるゆる「決定論的な発想が含まれていない」ということがわかるのではないでしょうか。

バリエッタは、目に見えない霊的な領域につながる媒体として「数＝数字」を用いました。「生まれたときに与えられた数字」を知り、その数字と共に霊的な領域につながることによって、「人生が豊かになっていく」と考えたのです。

バリエッタのベースには、「すべてはバイブレーションである」という考え方があります。つまり、すべてのものには「波動」があるということ。もちろん数にもバイブレーションがありますから、その数の波動を取り入れて生きることで、宇宙と共鳴していくことができると考えられたのです。

こうした背景をベースにした現代の数秘術「モダン・ヌメロロジー」には、ごく自然に引き寄せ的な要素が内包されていたのでしょう。

私が数秘術の本を出版するのは、本書で２冊目です。最初に出した本は「自分を知る」ことが大きなテーマでした。

今回はどんなテーマにしようかと考えたとき、ピンときたのが「なりたい自分になる」でした。そして浮かんできたのが「引き寄せ」であり、とてもしっくりきたのを覚えています。

数秘術なら引き寄せと組み合わせることが可能であり、なりたい自分に近づけるという考えは、執筆しながら確信へと変わりました。

本書が、「なりたい自分になる」ためのきっかけとなるなら、著者としてこれほど嬉しいことはありません。積極的にたぐり寄せた数字が、あなたの叶えたい未来を引き寄せ、理想の自分を創造していけますように。

水谷奏音

Contents

第1章
数秘術の基本レッスン

Contents

Number 7

Number 8

Number 9

Contents

第2章

引き寄せ数秘術

Contents

Contents

本書の使い方

本書は3つの章に分かれています。はじめて数秘術について学ぶ方は、第1章から順に読んで理解を深めましょう。

第1章　数秘術の基本レッスン

数秘術の基本的な考え方を紹介します。
自分を知る手がかりとなる5つのコア・ナンバーズを算出し、パーソナル・チャートを作ってみましょう。
パーソナル・チャートの読み解き方や、それぞれの数の解説を確認しながら、自分自身について理解を深めていきましょう。

第2章　引き寄せ数秘術

数のパワーを引き寄せる方法には大きく3つあります。自分に合ったやり方で数字による引き寄せをしてみましょう。

〈引き寄せ方法〉
- ●3つのコア・ナンバーズを自分の望む数字に変える
- ●身近に存在する数字を自分の望む数字に変える
- ●数字と共鳴する引き寄せアイテムを取り入れる

名前を変えてコア・ナンバーズを変える場合、ケーススタディー方式でパーソナル・チャートの読み解きも交えて解説していますので、数秘術のリーディングについて理解を深めたいときの参考にしてください。

第3章　運勢の引き寄せレッスン

個人でそれぞれ違う、その年、その月、その日の運勢がわかる数秘術のサイクルを解説しています。宇宙全体の運気（ユニバーサル・イヤー・ナンバー）と、個人の運気（パーソナル・イヤー・ナンバー）の組み合わせによる引き寄せ行動についても紹介しています。

第1章

数秘術の基本レッスン

数秘術の基本的な考え方、数の特性を紹介します。自分を知る手がかりとなる、5つのコア・ナンバーズについて理解を深めましょう。

幸せを呼ぶ 引き寄せ 数秘術とは

「自分は何者か」を「数＝数字」が教えてくれる

数秘術は、英語で「ヌメロロジー」といい、「numero」（数）と「logy」（学）が組み合わさった言葉です。

「数にはそれぞれのエネルギーが存在する」という基本の概念が数秘術にはあり、私たち人間を含めた宇宙のすべてのものが、数の影響を受けているという考え方があります。自分が生まれた日と、与えられた名前の数＝数字を読み解くことによって、「性質」や「役割」、また「人生の指針」などがわかる占術です。

現在、日本で広く知られている数秘術は「モダン・ヌメロロジー」といわれ、このベースは、ミセス・L・ダウ・バリエッタというアメリカ人の女性が考案したものです。

バリエッタは、「宇宙に存在する目に見えない力」を引き寄せる媒体として「数」を用いました。「自分が生まれたときに与えられた数字」を知り、その数字と共に霊的な領域、つまり宇宙とつながることによって「人生が豊かになっていく」と考えたのです。

「すべてはバイブレーションである」、すなわち「すべてのものには波動がある」という考え方が、バリエッタの思想といえるでしょう。数には数のバイブレーションがありますから、その数の波動を取り入れて生きることで、宇宙と共鳴していくことができると考えたのです。

引き寄せ数秘術とは「なりたい自分になる」こと

引き寄せとは、「自分の意識を向けたものが現実に引き寄せられること」をいいます。

ですから、なりたいものを願うのではなく、「意識を向ける」という行為そのものが重要になります。意識を向けるということは、叶えたいことに「波動を合わせる」とも言い換えられるでしょう。「今の自分」から「なりたい自分」になるには、そのなりたい自分に意識を向け、そして、その「波動を取り込んでいく」必要があるといえます。

本書で紹介している引き寄せ数秘術は、そのなりたい自分になるために、「なりたい数の波動」を取り入れる方法です。

なぜなら、なりたい数の波動を取り入れて生きることは、自分の幸せにつながるといえるから。バリエッタ流にいえば、数と調和することは、世界と調和することにつながります。自分の叶えたいことにしっかり合うよう、数の波動を調整すれば、きっと誰もが望む現実を引き寄せられるようになるでしょう。

まずは「自分の数字」を知ることから

本書では、なりたい数のパワーを引き寄せる方法をお伝えしますが、引き寄せ数秘術を行う前に、「自分を知る」ことが数秘術の基本であり、第一歩です。

まずは自分に与えられた数字を知り、その特徴を熟知することが必要だといえるでしょう。その上で、「なりたい自分になる」には、どんな数字を引き寄せたらよいのか、ということを提案しています。バリエッタの流れやベースを大事にしつつ、今の時代を反映させる――これが「引き寄せ数秘術」の特徴です。

本書の第１章では、自分を知る手がかりとなる「コア・ナンバーズ」と呼ばれる５つのナンバーを取り上げています。まずは自分の数字を知らなければ始まりませんから、「自分が生まれたときに与えられた数字」を算出してください。そしてその数字の特徴と自分を照らし合わせてみましょう。

なりたい自分を引き寄せる3つの「コア・ナンバーズ」

第２章では、「なりたい自分になる」とはどういうことなのか、本書のテーマでもある「引き寄せ数秘術」についてまとめています。

数秘術では数字を求めるとき、自分の「生年月日」と「氏名」をもとに算出します。本書では、そこから導き出される５つの「コア・ナンバーズ」を使用していますが、生まれた日を変えることはできませんから、「生年月日」から導き出されるふたつのナンバーは、どんな場面でも変わりません。

引き寄せ数秘に関わってくるのは「氏名」から算出されるナンバーです。コア・ナンバーズでは「ディスティニー・ナンバー」「ソウル・ナンバー」「パーソナリティー・ナンバー」と呼ばれる３つのナンバーです。とはいえ、なにも改名しましょうという話をしているのではありません。今は情報の時代ですから、SNSなどのツールを使うときに「表示する名前」を、自分の望む数字に当てはまるよう設定したり、「アイコンの名前」を調整したり、希望に合わせてカスタマイズしましょうという提案をしているのです。

本名であるベースの数字はしっかり把握しつつも、それが自分の求める数字の特徴と異なる場合は、「自分が引き寄せたい数字に変えていきましょう」ということです。

もちろん、名前を変えてコア・ナンバーズを引き寄せることだけではなく、本書では「数のパワーそのものを引き寄せたい」と思っている人に、数のパワーをもっと身近に感じられるような引き寄せ行動もお伝えしています。

人生の周期運勢を知り、幸運を引き寄せる

第３章で触れているのは、数秘術における運勢の周期です。その人それぞれに、この年（この月、この日）はどんな数のエネルギーに応援されるのか、ということがわかるのです。

１年の運勢の流れがわかる「パーソナル・イヤー・ナンバー」を中心に、１カ月の運勢の流れがわかる「パーソナル・マンス・ナンバー」、１日の運勢の流れがわかる「パーソナル・デー・ナンバー」を解説し

ています。

この３つのナンバーから、自分が今置かれている状況を把握することも大切ですし、目的別に自ら日にちを選び、数の力を引き寄せながら、うまく物事を調整して進めることも可能です。

本書では、この個人の流れとは別に、宇宙全体の流れを表す「ユニバーサル・イヤー・ナンバー」を取り上げていることも特徴です。世の中全体の流れを意識することは、別の角度から引き寄せを意識することにもつながり、全体の流れをつかむことから「引き寄せ」を実行していくことも可能となるのです。

数＝数字の理解を深めるために

数秘の理解を深めるために、本書では、数＝数字の解説として、コア・ナンバーズや運勢についてだけでなく、数そのものの「基本特性」を紹介しています（p.24 〜 47参照）。これは、いわば数秘術的「数の概念」ともいえるもの。

取り扱う数字は、１〜９、11、22、33の12種類です。どの数字にも、その数字を表すのにふさわしい９つの「キーワード」と数のエネルギーを７段階で数値化した「レーダーチャート」を掲載しています。

それらと、この「基本特性」を照らし合わせながら、ぜひ数字のイメージを深めてください。数字の特徴を表すキーワードが、より納得のいくものとして感じられるはずです。

Number 1

KeyWord

自立心	積極性	行動力
外交的	開拓精神	リーダーシップ
男性性	自己中心的	攻撃性

Radar Chart

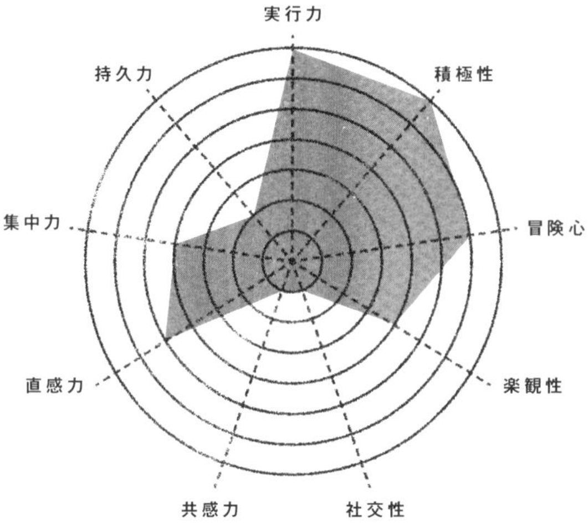

実行力	7
積極性	7
冒険心	6
楽観性	4
社交性	1
共感力	1
直感力	5
集中力	4
持久力	1

始まりの数

「1」は始まりの数です。なぜなら、数には「1」を始点とする概念があるからです。そもそも数には「1」「2」「3」……と連続的に続いていく、段階的な流れが存在します。そこをひとつずつ切り取ったときに見えてくる風景が、その数の特徴を表しているといえるでしょう。

ちなみに、「0」は「何もない」「存在しない」ことを表しています。何もない「0」と、存在する「1」……これは大きな違いです。たとえほんの少しでも「存在する」ということには、大きな意味があります。

「1」は最初に誕生した数だともいえますから、自立やスタートの意味を持ちます。スタートである「1」は、とてもエネルギッシュで勢いのある数。そこがどの数よりも、積極性や実行力といった推進力の強さを示すゆえんです。また、自立心の強さは、開拓精神やリーダーシップにもつながります。「1」は外向きのパワーが強く、とても外交的な数です。

また数には、陰陽の考え方もあり、奇数が「陽」で「能動的」な数だといわれています。勢いがあり能動的、つまり「1」は、男性性が強い数だといえるでしょう。

「1」の世界観には、まだほかの数が登場していません。そういった意味では、数の世界を開拓したはじめての数であり、ほかと比べるものがありませんから、自分本位になりがちだともいえます。自分の主張が強い、自己中心的になりやすい、そんな側面も「1」の持つイメージにつながるでしょう。

とはいえ「1」は、数という世界に光を灯した最初の数ですから、ひらめきの数でもあります。すべての数の始まりですから、とても強いパワーがあるといえるでしょう。

1を図で表すと「・」(点)

Number 2

KeyWord

- 協調性
- 受容性
- 歩み寄り
- 繊細
- 感受性
- 汲み取る力
- 女性性
- 保守的
- 干渉的

Radar Chart

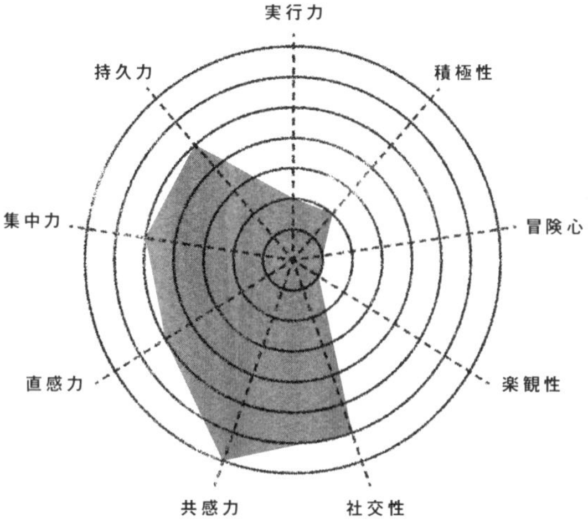

実行力	2
積極性	2
冒険心	1
楽観性	1
社交性	6
共感力	7
直感力	5
集中力	5
持久力	5

調和と対比を表す数

「２」は調和を表す数です。同時に対比を表す数でもあります。「２」は「１」の次の数ですから、それまで「１」しか存在しなかった世界に、もうひとつの概念が生まれることを表します。例えば「２」は、「男・女」「白・黒」「上・下」など、ある意味、対極を表すときに用いられる数でもあります。どちらがよい、悪いということではなく、正反対の原理が存在している、ということが「２」の世界観にはあるのです。

相反するふたつのものが合わさることで、調和や秩序がもたらされるという陰陽の考え方においては、偶数が「陰」で「受動的」な数だといわれています。特に「１」と「２」において、この陰陽の要素が色濃く現れています。そのため「２」は、「１」の男性性と正反対の女性性が強い数だといえます。

「１」との対比で表されることが多い「２」ですが、対比は繊細な感情面もクローズアップしていきます。「１」の勢いを「２」が受け止める、伴走するというように、相手がいることで、相手とバランスをとろう、協力しようとする心理が働くからです。一人より二人の楽しさを知っており、調和して平和であろうとします。その意味で「２」は、心の数でもあり、愛が生まれる数だともいえるでしょう。

相手を思いやること、理解しようとすること、協力すること、そして調和すること、こうしたイメージが「２」の持つ数のエネルギーにつながります。とはいえ、そうした「想い」が強く出すぎると、干渉的になってしまうことも否めません。

対比は、対立につながることもあります。しっかり線を引くことで、こちら側とあちら側の区別が出来上がります。そうなると「こちら側」を守る心理が強く働くため、保守的なイメージも「２」の持つエネルギーに含まれるといえるでしょう。

２を図で表すと「ー」（線）

Number 3

KeyWord

喜び	楽観性	知性
ユーモア	社交性	創造性
表現力	気まぐれ	責任転嫁

Radar Chart

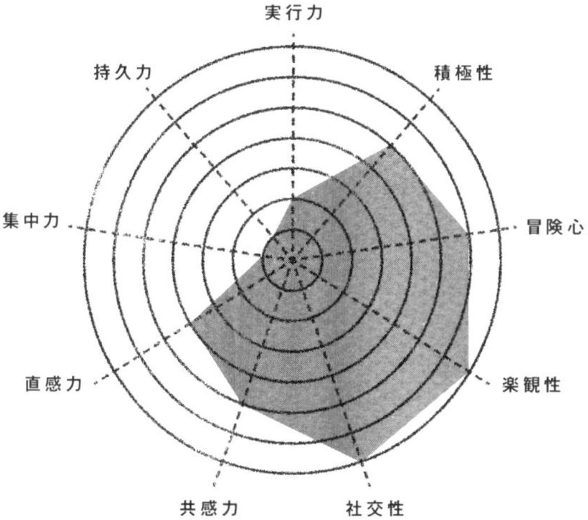

実行力	2
積極性	5
冒険心	6
楽観性	7
社交性	7
共感力	5
直感力	4
集中力	1
持久力	1

創造性と社交性が豊かな数

「３」は創造性を象徴する数です。「３」がまだ存在しない世界は平面です。「３」の世界には、平面に「高さ（奥行）」が加わります。現在、この世界の次元数は「３」（三次元）であると、広く認知されています。

高さが加わることによって、「１」と「２」の世界観では気づかなかった新しい側面が見えてくるでしょう。そのため「３」には、新しいものを創り出すエネルギーがあると考えられています。

日本でも「３」に関連する言葉がたくさんあります。例えば「三人寄れば文殊《もんじゅ》の知恵」ということわざは、「３人集まって相談すれば、思いがけない知恵が浮かんでくる」ことを表し、新しいものが生み出されるだけではなく、「３」には物事を活発にする要素があります。そこから連想すると賑やかな光景が浮かびますし、楽しさのイメージにも結びつくといえるでしょう。「３」はコミュニケーションが得意で、とても社交性の高い数です。

また「３」は、家族を象徴する数だともいわれています。ひとつ前の「２」がパートナーや結婚というイメージで、「３」は子供が加わるイメージです。「３」には、固定観念に縛られない無邪気な子供のように、明るく素直なエネルギーがあるでしょう。「３」は奇数ですから、再び「陽」の気をまといます。楽観性や喜びというキーワードがそこから連想できますが、子供っぽさが強調されると気まぐれな一面ものぞかせます。

一方で「３」は、「第三者」という言葉からもわかるように、当事者ではない概念も表します。このことから「中立」を表す数だともいえます。そこには「自分は関係ない」という意味も読み取れ、関係がないことに責任は生まれない、というイメージも浮かんできそうです。

３を図で表すと「△」（三角）

Number 4

KeyWord

安定	現実的	管理力
具体性	建設的	持久力
まじめ	抑圧的	融通の利かなさ

Radar Chart

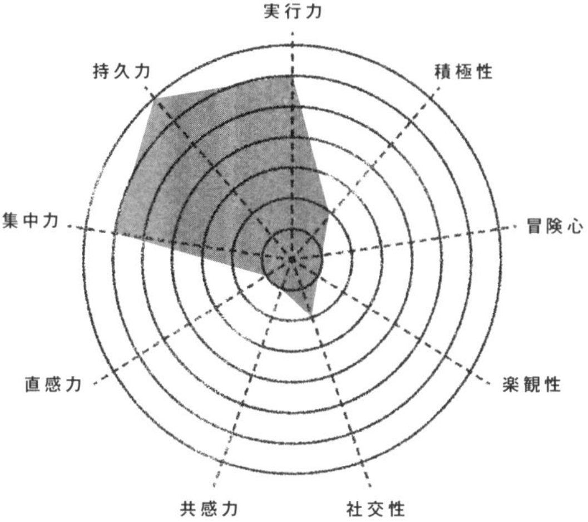

実行力	*6*
積極性	*2*
冒険心	*1*
楽観性	*1*
社交性	*2*
共感力	*1*
直感力	*1*
集中力	*6*
持久力	*7*

安定を表す数

「４」は安定を表す数です。「４」の安定とは基礎を表し、世界を作り上げている基礎を含む数といえます。

四方位（東西南北）、四大元素（火地風水）、四季（春夏秋冬）など、自然界の礎《いしずえ》を表す言葉が示すように、４つの言葉で現実の世界を捉えているものが多いからです。これらには規則性や普遍性があります。そう簡単には変えられないもの、安定感があり固定的であるもの、そういった堅さが「４」にはあります。そこから、まじめさや秩序といったイメージが連想されるでしょう。

「４」は現実を表す数でもあります。「４」には、過去や未来を表す感覚はなく、まさに現実をまっすぐ見つめる、そんな特徴があります。「四角」という限られた枠の中で、実際に何ができるかということを、現実に考えていける数だといえるでしょう。そういった意味で、「４」には具体性があり、とても建設的です。

また、「４」は時間も表します。この世界は三次元に「時間」を加えた四次元の時空間だといわれることもあります。「４」にとって、現実を見つめる手段として「時間」はとても大切です。そこにも「４」の規則性や秩序が見出せます。

四つ葉のクローバーは幸運を表しますが、４枚の葉はそれぞれ「富」「名声」「健康」「愛情」を表すとされています。４枚揃って「真実の愛」を意味し、そして「幸運」をもたらすのです。「４」はそれらをバランスよく手に入れるため、まじめに努力します。どれかひとつを選ぶという判断ではなく、バランスを大事にしようとする要素があるのです。そこから、何かに特出しているよりも、平均的や安泰であることを望むイメージも浮かんできます。一方、「四角四面」という言葉通り、きまじめで融通が利かないという側面も「４」にはあります。

４を図で表すと「□」（四角）と「＋」（十字）

Number 5

KeyWord

自由　好奇心　多才

活発　変化　冒険心

発展的　飽きっぽい　欲求不満

Radar Chart

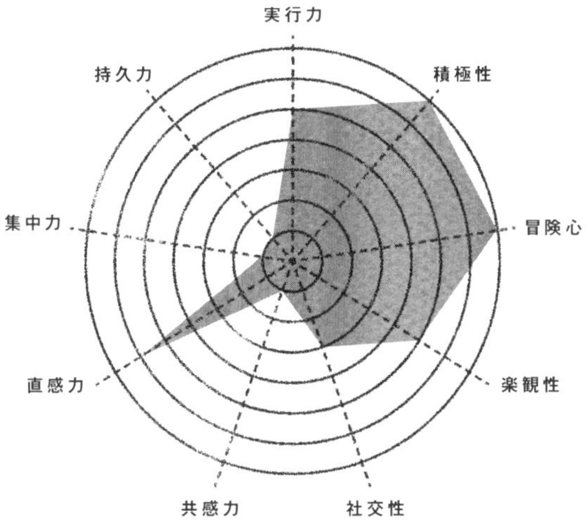

実行力	5
積極性	7
冒険心	7
楽観性	5
社交性	3
共感力	1
直感力	6
集中力	1
持久力	1

冒険者の数

「５」は冒険者の数です。「５」は「人」を象徴する数ともいわれています。「５」の図である「☆・⛤」は希望を表すことで有名ですが、両手と両足を大きく広げた人の姿にも見えるでしょう。また、「５」は五体、五臓、五感など、人に関する言葉にも使われています。「５」はその身体のすべてを使って動き回る人のイメージ。積極的に自由に、そして活発に動き回る性質があります。

安定や現実を表す「４」の次の数である「５」は、これまであった世界に変化を生み出していく数です。「枠を超えたい」というエネルギーを持つ「５」は、今ある現実を変えていこうとする数。空間と時間を超えた数だといえるでしょう。そこには発展性があり、さまざまなことに好奇心が芽生えるイメージもわきます。「枠に収まりたくない」という「５」ですから、いつも自由や変化を求めています。

また、「５」は理想を求める数です。今ここにないものを望んでおり、その視点は未来にあります。未来にピントが合っているため、直感で「これ」と思ったら根拠がなくても突き進める、そんな強さがあります。「４」は目に見えるものを大事にしますが、「５」は目に見えないものに惹かれる傾向が強いのです。

キリスト教では、四大元素（火地風水）にプラスして、5番目を「神の息吹」とする考え方があります。仏教の宇宙観には、四大元素に「空《くう》」が加わるそうです。「５」の世界は、ある意味、壮大で果てしなく広がっているといえるでしょう。

常に理想を求める「５」は、逆にいえば現状に満足できないというイメージにもつながります。好奇心も旺盛なので、興味を惹かれる対象が次々に変わる傾向も。そういった意味では、飽きっぽい印象を持たれてしまう、そんな側面も否定できません。

5を図で表すと「☆・⛤」（星・五芒星《ごぼうせい》）

Number 6

KeyWord

母性的な愛情	親切心	育成力
バランス力	配慮	責任感
正義感	心配性	おせっかい

Radar Chart

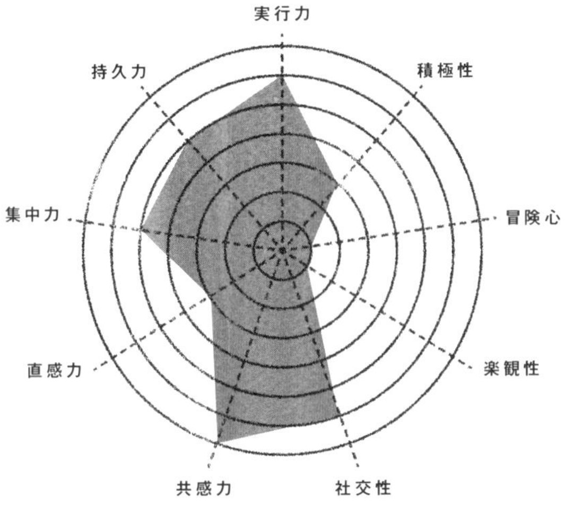

実行力	*6*
積極性	*3*
冒険心	*1*
楽観性	*1*
社交性	*6*
共感力	*7*
直感力	*3*
集中力	*5*
持久力	*5*

バランスの数

「６」はバランスを表す数です。「４」は現実を、「５」は理想を表しますが、その現実と理想のバランスをとっていくのが、「６」だといえるでしょう。思い描いている理想を、どうやって現実に落とし込んでいくか、その最善の方法を「６」は考えます。

「６」を表す図は「六芒星」で、上を向いた三角と、下を向いた三角が重なっています。これは、上が理想であり、下が現実を表すともいわれており、まさにそのバランスをとる形です。「６」は調和や協調性、配慮などを大事にする数だともいえるでしょう。

　また「６」には、「６個でひとつ」という概念も多く存在しています。例えば、六方である「東・西・南・北・天・地」あるいは「前・後・左・右・上・下」や、六曜である「先勝・友引・先負・仏滅・大安・赤口」など。「喜・怒・哀・楽・愛・憎」は、６種類の代表的な感情を表します。これらは全体のバランスが、より細かくわかる概念で、バラバラのもの、個性あるものをひとつにまとめる数といえます。

　また『旧約聖書』では、「神が世界を６日間で創造した」とされており、「６」の完全には、美や正義、秩序や責任なども内包されているイメージがあります。実際、「６」は最小の「完全数」です。

　また、バランス力のある「６」は優れた教育者でもあります。足りないものを補ったり、個性を生かしながらまとめたりする調和の力で、人を育てることができます。そこには、母のような大きな愛情も含まれるでしょう。愛情深さは「６」の特性であり、責任感や親切心も含まれていますが、度が過ぎると心配性になったり、おせっかいになったりする印象につながります。「６」の愛には甘い印象だけではなく、厳しいイメージもあります。ですが、厳しさゆえの深い愛を「６」は感じさせてくれます。

６を図で表すと「✡」（六芒星）

Number 7

KeyWord

探究心

洞察力

分析力

集中力

研究心

専門性

スピリチュアリティー
（精神性）

孤独感

猜疑心《さいぎしん》

Radar Chart

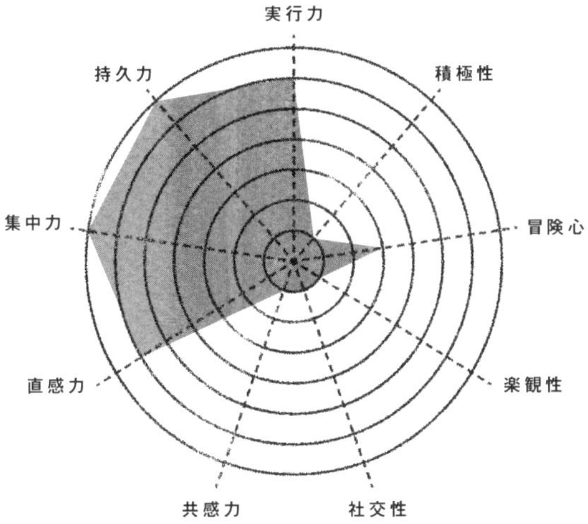

実行力	6
積極性	1
冒険心	3
楽観性	1
社交性	1
共感力	1
直感力	6
集中力	7
持久力	7

神秘的な数

「7」は神秘的な数であり、とても不思議な数です。「7」以降は、「6」までのように、これと示される図がありません。「7」は古代より特別な数とされてきました。コンパスと定規で正確に描けない最初の正多角形でもあります。

西洋において「7」は特別な数です。神は世界を6日間で創造し、7日目を安息日としました。安息は平和や幸福につながるため、「7」は聖なる数であると考えられているのです。

日本でも「7」は特別な数に関連している印象が強いでしょう。仏教においても初七日や四十九日など「7」は特別な数です。七福神も有名で、福をもたらす神様として信仰されています。「7」という数には、どこか神聖で秘密めいたイメージもあります。

七不思議や、虹の色もそうです。親の威光も七光りといいます。存在しているようで、捉えどころがない「7」には、スピリチュアルなメッセージが含まれている印象が強いでしょう。「7」は精神性を重視し、目に見えない神秘的な世界に対する理解が深い数といえます。

「6」は理想と現実の落としどころを考え、バランスを大事にしますが、その次の数である「7」は、その先を追究します。つまり、調和の先にある真理や本質を見極めようとするのです。知的な探究心と鋭い洞察力が「7」の特性です。

そのため、既存のものには疑い深くなる傾向があります。まだ見ぬ答えを探究することにロマンを感じるため、自ずと独自性が高まり、専門性を帯びてきます。そこには妥協を許さないストイックさがあり、「7」には孤高のプロフェッショナル、あるいは神経質なオタク、完璧主義の職人といった像が浮かびます。独りで戦うイメージが「7」の特徴です。そのため、その魂は孤独になりがちかもしれません。

図は特になし。「△」（三角）と「□」（四角）が合わさった形で表すことも

Number 8

KeyWord

パワー
タフ
野心的
決断力
実行力
主導力
実現力
高圧的
支配力

Radar Chart

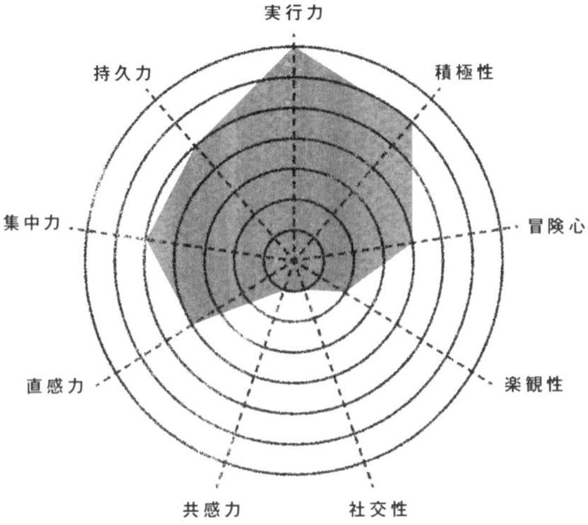

実行力	7
積極性	6
冒険心	4
楽観性	2
社交性	1
共感力	1
直感力	4
集中力	5
持久力	5

パワーと豊かさを表す数

「８」はパワーのある数です。神が世界を創造したのが６日間、７日目は安息日ですから、次の８日目は新たなスタートに当たります。ここから新しい数の世界観が生まれていくともいえるでしょう。そのため「８」には大きなパワーが含まれており、豊かさ、強さを表します。

日本で「８」は数が大きいことを表します。例えば「八重桜」、「八百《やお》万《よろず》の神」もそうです。八百万とは無限に近いことを意味します。面白いことに「８」は横にすると、インフィニティー（無限）の形になるのです。この形そのものが大きなパワーやタフさを象徴しており、循環や拡大を示しています。

また漢数字の「八」は、末広がりともいわれ、裾が開いたその形から幸運を連想させ、日本人にとても好まれています。中国でも「８」は幸運の数です。発音が同じ「発」という漢字にかけて、発展する、大きくなる、富を手にするといった意味を連想させるからだそう。

豊かさを表す「８」には、野心ある主導者が大きな事を成し遂げていく、実行していく、決断していく、そんな印象が含まれています。「８」は統率力や決断力に優れ、併せ持ったパワフルさで富と成功を引き寄せる数。権力、地位、成功といったテーマに縁があります。

また「８」は、中国の占いの世界で重要な意味を持つ数です。八卦《はっけ》では八方位が吉凶を表す大事な方位となります。暮らしを豊かにする知恵が、この「８」に含まれているのです。

大きなパワーを持つ「８」ですが、そのパワーが周りを圧倒するほどの強さを持ってしまうこともあります。「８」の要素が強調されればされるほど、高圧的な印象につながったり、まるで支配されているようなイメージを抱かせてしまったり。よくも悪くも存在感が強い印象が「８」にはあるのです。

図は特になし「□」（四角）が２つ合わさった形で表す、または「◯」（八角形）で表すことも

Number 9

KeyWord

共感力 理解力 柔軟性

思いやり 癒し 寛大さ

奉仕力 ルーズ 逃避

Radar Chart

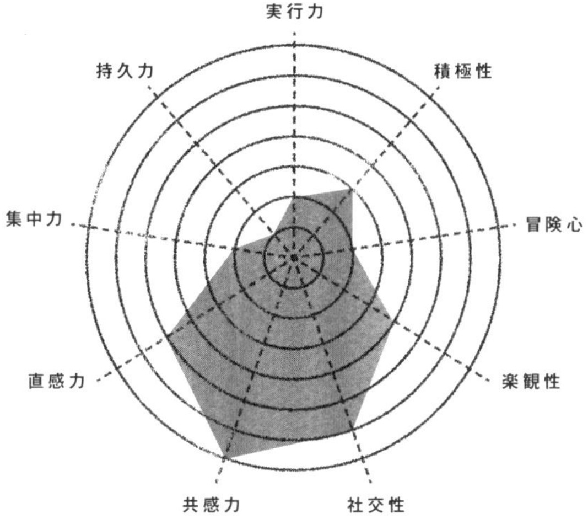

実行力	*2*
積極性	*3*
冒険心	*2*
楽観性	*4*
社交性	*6*
共感力	*7*
直感力	*5*
集中力	*2*
持久力	*1*

すべてを包み込む数

「９」は１桁の数の中で一番大きな数です。そのため、１～８のすべてを包み、共感力に長けた数です。

懐の深い数である「９」ですから、いろいろなことを「受け入れる」というベースが整っています。たとえ突拍子もないことや、とんでもない意見であっても、いきなり否定することはありません。柔軟に理解しようとする姿勢を持ち、共感できるところを探そうとする数だといえるでしょう。

また「９」には、寛大なエネルギーがあります。寛大さは許しや癒しにつながり、それが「９」の世界観を象徴しています。人への理解や許容度が高く、思いやりのエネルギーに満ちています。

「９」は完成に向かうエネルギーが含まれています。１桁の数の中では最後の数ですから、「９」を完全な数だと捉えることもできますが、実際はそうではありません。完成に向かう途中、つまり完全の一歩手前だといえるでしょう。完全ではないからこそ芽生えるのが、思いやりといえます。どの数も完璧ではないことを知っているのが「９」で、「９」も同時に完全ではない、だからこそサポートの大切さがわかる数であり、奉仕力があるともいえるのでしょう。

とはいえ、なんでも受け入れていると、収拾がつかなくなってくることも。確かに「９」は器の大きな数ですが、一つひとつに対する丁寧さ、精巧さは持ち合わせていません。大雑把なイメージからルーズさにつながる数といえそうです。また詳細に詰め寄られると答えに窮します。「９」にとってはそもそも完璧などなく、正確な答えは持ち合わせていないのです。そうなると、現実からするりと身をかわしてしまう……逃避というイメージも含まれているのが、「９」の特徴だといえるでしょう。

図は特になし「△」（三角）が３つ合わさった形で表すことも

Number 11

KeyWord

直感力	使命感	共時性（シンクロニシティー）
感じ取る力	伝える力	察する力
見つける力	空想的	神経質

Radar Chart

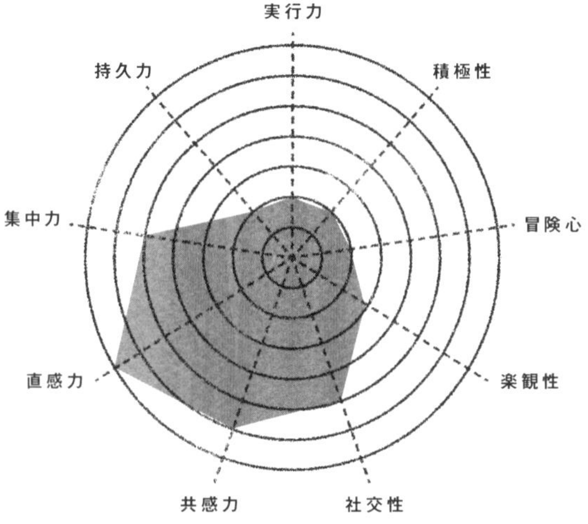

実行力	*2*
積極性	*2*
冒険心	*2*
楽観性	*3*
社交性	*5*
共感力	*6*
直感力	*7*
集中力	*5*
持久力	*2*

スピリチュアルな数

「11」はスピリチュアルな数です。基本的に数秘術は、数字を1桁に還元するという考え方があります。ですが「11」は、マスター・ナンバーと呼ばれ、そのまま使用するのが伝統です。「1」〜「9」までが基本の数ですが、その先にある数にはもっと広い世界をみるという意味で、スピリチュアルな学びがあるとされています。

またゾロ目は特別な数字とされていて、数字が重なることでその数の意味が強まるといわれています。もともとゾロ目とは2個のサイコロを振ったとき、同じ数（目）が出ることで、確率の低いことを表します。そのため特別扱いされており、縁起がよいとされたり、幸運な組み合わせだといわれたりしているのです。

「11」は「1」がふたつ並んでいます。また、「11」を1桁に還元すると「2」になることから、「11」には「1」と「2」の要素がどちらもあるという見方があります。「1」がふたつですから、その要素が強まるとひらめき力が、さらに「1」に「2」の要素が重なるとスピリチュアル性がより高まり、そこに空想力が出てきます。「11」の直感力、インスピレーションの強さは、このことからもイメージできるでしょう。

また、察する力も人一倍優れる数字が「11」です。感じ取る力、見つける力も多く持ち合わせている数ですから、必然的にシンクロニシティー（共時性）も生まれやすくなります。その要素が強まると、そこから自分の使命も感じ取りやすくなるといえるでしょう。

ただ「11」はとても敏感な数であり、神経質になりがちな印象があります。また、直感や感覚といった「上」とつながる力が強くなるため、「下」が不安定になってしまうイメージも。イマジネーションが豊かといえば聞こえはよいのですが、地に足が着きづらく、どうしても空想的になりがちな印象も否定できません。

「11」の図はありません

Number 22

KeyWord

パワフル
前進力
達成力
忍耐力
意志力
カリスマ性
高い理想
執着心
頑固

Radar Chart

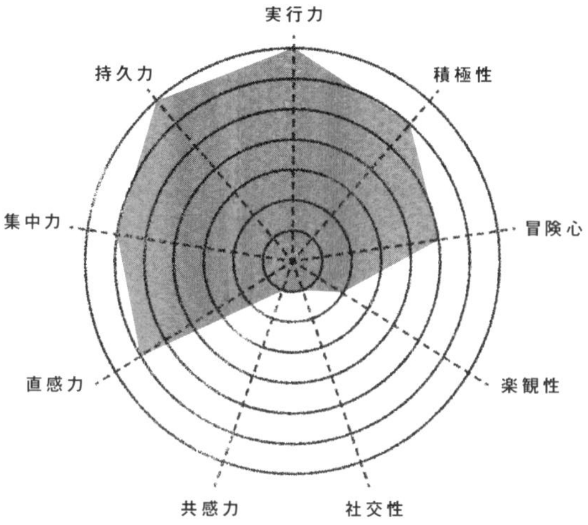

実行力	*7*
積極性	*6*
冒険心	*5*
楽観性	*2*
社交性	*1*
共感力	*1*
直感力	*6*
集中力	*6*
持久力	*7*

高い理想を実現する数

「22」は高い理想を実現する数です。「22」もマスター・ナンバーと呼ばれ、スピリチュアルな学びがあるとされています。また「11」と同じく、ゾロ目で特別な数字です。ゾロ目は珍重される数字ですから、人気や価値の高い数字といわれています。

「22」は「２」がふたつ並んでいます。また「22」を1桁に還元すると「４」になります。そのことから「22」には、「２」と「４」のどちらの要素もあるという考え方があります。「２」は心や愛と関わりのある数で、「２」の要素が強まると、より感情面が強調されるでしょう。一方、「４」は現実的な数で、きまじめさや忍耐力がクローズアップされる数です。「２」と「４」の要素がどちらも重なる「22」は、器の大きいパワフルな数だといえるでしょう。

また「22」は「２」と「４」だけではなく、スピリチュアルな数である「11」と「11」を足した数でもあるため、壮大なテーマを含んでいます。「22」は高い理想に向けて、それを達成するべく強い意志で前進する、そんなパワフルなイメージにつながる数ともいえるでしょう。

現実的な要素とスピリチュアルな要素、つまり地上と宇宙を結ぶ役割も「22」にはみえてきます。

「22」といえば、タロットの大アルカナが22枚で、そこには大きな世界観が存在しています。22枚であらゆる現象を表現していくことができるといわれており、興味深い絵柄から感じ取れるメッセージが、現実にヒントをくれる、といった役割を果たしているのです。

壮大なテーマを含む「22」には、パワフルな分、執念や執着が強いイメージもあり、驚くほど頑固な側面があることも否定できません。それほど「22」には強いパワーがあり、だからこそカリスマ的な要素が含まれているともいえるのです。

「22」の図はありません

Number

33

KeyWord

無条件の愛	ピュア	豊かな感性
ヒーリング力	許す力	貢献力
革命を起こす力	天然	風変わり

Radar Chart

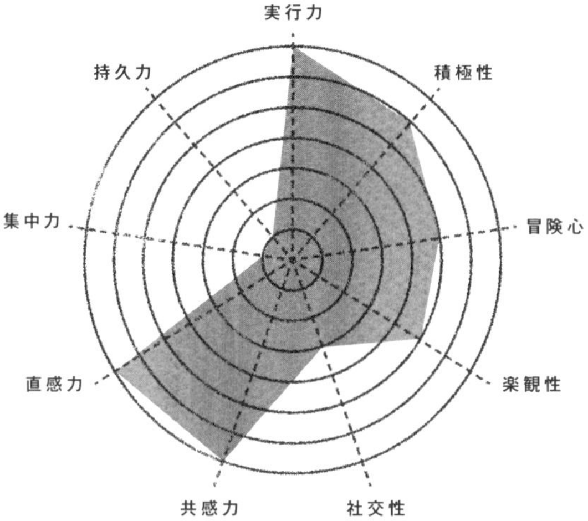

実行力	7
積極性	6
冒険心	5
楽観性	5
社交性	3
共感力	7
直感力	7
集中力	1
持久力	1

ヒーリングのパワーを持つ数

「33」は高いヒーリング力を持つ数です。「33」もマスター・ナンバーと呼ばれていますが、数秘術に加わったのは比較的最近だといわれています。その背景には、現代数秘術が生まれた時代(20世紀初頭)から、スピリチュアルなことが一般化してきたことなどが、大きく関係しているといえるでしょう。「22」までの世界観で伝えられた啓示が、現在では伝え切れなくなってきた、といえるかもしれません。

「33」は「３」がふたつ並んでいます。また「33」を1桁に還元すると「６」になります。そのことから「33」には「３」と「６」の要素がどちらもあると考えられています。「３」の要素が強まると、創造力がより強まり、革命力につながっていきます。創造には豊かな感性も必要です。また「６」はもともと大きな愛を含む数ですから、「３」と「６」が重なることで、それは無条件の愛にまで発展するイメージでしょう。そこには、許す心、ピュアな想い、そのふたつがあるからこそできる貢献する力なども大いに備わっています。

「33」は特別な意味を持つことが多く、聖なるものを表す数としても有名です。例えば、イエス・キリストが33歳でこの世を去ったという伝説や、フリーメイソンでは「33」が最高位を表すといわれています。仏教でも聖なる数で、「33」にまつわることが多く存在します。普門示《ふもんじ》現《げん》は、観音菩薩が33種類に姿を変えることで、あらゆる人を救ってくれるのだそうです。ほかにも、三十三間堂、西国三十三所、坂東三十三観音などがあります。「33」はマスター・ナンバーの中でも、よりスピリチュアルなイメージが強い数といえるでしょう。

　そのため「33」は、どこか浮き世離れしている印象にもつながり、風変わりなイメージを持たれやすい数です。ピュアな印象が色濃く出ると、ただの天然……というイメージにつながってしまうようです。

「33」の図はありません

数秘術の算出ルール

２桁以上の数字は１桁に還元する

数秘術は「数に意味と価値を見出す」占術です。それぞれの数には、その数特有のエネルギーが存在し、それぞれに意味がある、という考え方が前提となっています。

数秘術では１～９の自然数をすべての数字の基本とし、「ルート・ナンバー」と呼んでいます。そのため、２桁以上の数字は一定の操作を通して、１～９の自然数へと還元する必要があります。

ルート・ナンバーの算出方法は次のように行います。

例：15の場合

①15を１と５という１桁の数字に分解します。

15→１、５

②それらを加算します。

１＋５＝６

➡ルート・ナンバーは「６」になります。

例：49の場合

①49を４と９という１桁の数字に分解します。

49→４、９

②それらを加算します。

４＋９＝13

③ここではまだ２桁なので、１桁になるまで還元します。

13→１、３

④ それらを加算します。

1＋3＝4

➡ **ルート・ナンバーは「4」になります。**

ルール①

ルート・ナンバーとマスター・ナンバー

1〜9の「ルート・ナンバー」に対して、現代の数秘術では「マスター・ナンバー」と呼ばれる2桁の数字も使用しています。占術家によって取り入れるマスター・ナンバーの数字は異なりますが、多くの数秘術師が11、22、33という3種の数字を採用しています。本書でも、1〜9のルート・ナンバーと、11、22、33のマスター・ナンバーを取り入れるため、扱うのは計12の数字です。

1〜9までが基本の数字となりますが、その先にある数字（11、22、33）にはもっと広い世界をみるという意味で、マスター・ナンバーには、目に見えないスピリチュアルな学びがあるとされています。

マスター・ナンバーの算出方法は次のように行います。

例：38の場合

① 38を3と8という1桁の数字に分解します。

38→3、8

② それらを加算します。

3＋8＝11

③ ここで導き出された「11」は、マスター・ナンバーとなりますから、還元せずにそのまま採用します。

➡ **マスター・ナンバーは「11」になります。**

このように、加算した際に「11」「22」「33」の2桁の数字になる場合は、1＋1（11の場合）などと還元せずに、そのままマスター・ナンバーを採用します。

ルール②

文字の数字への還元

数秘術には数字を還元することに加えて、文字を変換するという大事な作業があります。「名前あるものはすべての数字に置き換えることができる」という基本原理が数秘術にはあり、文字に割り当てられた数字を使用することで、その本質を探っていくことができるのです。「ライフ・パス・ナンバー」と「バースデー・ナンバー」は生年月日からナンバーを算出しますが、「ディスティニー・ナンバー」「ソウル・ナンバー」「パーソナリティー・ナンバー」については、氏名をローマ字にしてから数字に変換して算出します。アルファベットがどの数字に対応しているかは、下の変換表を参照します。また、ローマ字表記は51ページのヘボン式ローマ字を用います。

文字の数字への算出方法は次のように行います。

例：大山承子　おおやま しょうこ ➡ OYAMA SHOKO

長音となる「O」や「U」は使いませんので、
OOYAMA SHOUKO としないよう気をつけましょう。

O	Y	A	M	A	S	H	O	K	O
6	7	1	4	1	1	8	6	2	6

Oを探して対応する数字を見ると、6が対応しています。この要領ですべてのローマ字に数字を割り当てていきましょう。

変換表

1	2	3	4	5	6	7	8	9
A	B	C	D	E	F	G	H	I
J	K	L	M	N	O	P	Q	R
S	T	U	V	W	X	Y	Z	

ヘボン式ローマ字表記表

50音

あ	A	い	I	う	U	え	E	お	O
か	KA	き	KI	く	KU	け	KE	こ	KO
さ	SA	し	SHI	す	SU	せ	SE	そ	SO
た	TA	ち	CHI	つ	TSU	て	TE	と	TO
な	NA	に	NI	ぬ	NU	ね	NE	の	NO
は	HA	ひ	HI	ふ	FU	へ	HE	ほ	HO
ま	MA	み	MI	む	MU	め	ME	も	MO
や	YA			ゆ	YU			よ	YO
ら	RA	り	RI	る	RU	れ	RE	ろ	RO
わ	WA	ゐ	I			ゑ	E	を	O

濁音・半濁音

が	GA	ぎ	GI	ぐ	GU	げ	GE	ご	GO
ざ	ZA	じ	JI	ず	ZU	ぜ	ZE	ぞ	ZO
だ	DA	ぢ	JI	づ	ZU	で	DE	ど	DO
ば	BA	び	BI	ぶ	BU	べ	BE	ぼ	BO
ぱ	PA	ぴ	PI	ぷ	PU	ぺ	PE	ぽ	PO

拗音（ようおん）

きゃ	KYA	きゅ	KYU	きょ	KYO
しゃ	SHA	しゅ	SHU	しょ	SHO
ちゃ	CHA	ちゅ	CHU	ちょ	CHO
にゃ	NYA	にゅ	NYU	にょ	NYO
ひゃ	HYA	ひゅ	HYU	ひょ	HYO
みゃ	MYA	みゅ	MYU	みょ	MYO
りゃ	RYA	りゅ	RYU	りょ	RYO
ぎゃ	GYA	ぎゅ	GYU	ぎょ	GYO
じゃ	JA	じゅ	JU	じょ	JO
びゃ	BYA	びゅ	BYU	びょ	BYO
ぴゃ	PYA	ぴゅ	PYU	ぴょ	PYO

変換する際の注意

●撥音《はつおん》「ん」について：撥音は「N」で表記する（例：かんだ→KANDA）。
※ただし、ローマ字表記が「B」「M」「P」の前は「M」で表記する（例：なんば→NAMBA、ほんま→HOMMA、さんぺい→SAMPEI）。

●促音「っ」について：促音はローマ字の子音を重ねて表記する（例：はっとり→HATTORI）。
※ただし、ローマ字表記が「CH」の前はTで表記する（例：きっちょう→KITCHO）。

●長音「お」「う」について：長音の「O」「U」は表記しない（例：おおい→OI、さとう→SATO）。
※ただし、末尾の長音の「お」は「O」で表記する（例：たかとお→TAKATOO）。
※長音の「う」は末尾であるか否かにかかわらず表記しない。

何者かを示す 5つの コア・ナンバーズ

性格や才能、使命がわかる5つのナンバー

数秘術で算出する数字の中で重要なナンバーのことを、コア・ナンバーズといい、本書では下記の５つのナンバーを取り上げています。

コア・ナンバーズは、その人の「核」となる性質を教えてくれる数字で、人生や運命を導くナンバーといわれています。

①ライフ・パス・ナンバー

人生でどんな道筋を通るのかを表す、最も重要な数字。どんな才能を持ち、どんな資質を持っているのかをみていくナンバーです。

②ディスティニー・ナンバー

課せられている役割、果たすべき使命など、人生の目的やすべきことを表すナンバーです。

③ソウル・ナンバー

魂が求めている本能的な欲求、心の奥底にある本音を表すナンバーです。

④パーソナリティー・ナンバー

周りからどう見られているか、自分の印象を表すナンバーです。

⑤バースデー・ナンバー

自分の強みや武器を表すナンバーです。ライフ・パス・ナンバーを補佐する数字ともいわれています。

コア・ナンバーズ①

ライフ・パス・ナンバー

人生で通る道筋を表すのが「ライフ・パス・ナンバー」です。コア・ナンバーズの中でもメインといえる重要な数で、生まれ持った資質、才能や能力、思考や行動のパターンなど、価値観が大きく反映されているナンバーです。

自分にとっては当たり前にできること、生まれつき備わっている才能や資質などを表すのがライフ・パス・ナンバーです。このナンバーを知ることにより、自分の才能を伸ばしやすくなったり、その才能を伸ばすための縁を引き寄せやすくなったりするでしょう。

自分のライフ・パス・ナンバーを理解することが、人生をよりよく生きるための第一歩を踏み出すきっかけになります。

ライフ・パス・ナンバーの求め方

「生年月日」をもとに算出します。生年月日を構成している数字をすべて1桁に分解して、それらをすべて加算しましょう。加算した合計が2桁になる場合は、さらに1桁に分解して加算します。ただし、11、22、33のマスター・ナンバーになった場合は、1桁に還元せず、そのままライフ・パス・ナンバーとします。

例：1988年6月9日生まれの人の場合

① 構成しているすべての数字を1桁に分解します。

1、9、8、8、6、9

② すべて加算します。

1＋9＋8＋8＋6＋9＝41

④ 加算した合計が1桁の数字か、11、22、33になるまで分解して加算します。

41→4＋1＝5

➡ライフ・パス・ナンバーは「5」となります。

コア・ナンバーズ②

ディスティニー・ナンバー

この世で果たすべき使命や、社会的な役割を教えてくれるのが「ディスティニー・ナンバー」です。人生の目標や社会に対してどんな貢献をしていくべきかがわかる数字でもあります。

育ってきた環境や経験による後天的な能力とも関係がある数字ですから、ライフ・パス・ナンバーの資質や才能と合わせてみていくと、さらに深い読み解きができるでしょう。

ライフ・パス・ナンバー（性質）とディスティニー・ナンバー（役割）において、矛盾が生じる組み合わせももちろんありますが（p.63参照）、両方の数のエネルギーを理解することで、「人生をより充実させるにはどうすればよいか」ということもわかります。

ディスティニー・ナンバーの求め方

「氏名」をもとに算出します。アルファベットと数字を対応させた変換表（p.50参照）を使い、氏名を数字に変換していきます。

基本的には誕生時の氏名で算出しますが、結婚などにより苗字が変わり、今の苗字のほうがしっくりくるという場合は、その苗字で鑑定してもよいでしょう。

例：平井真央（ひらいまお）さんの場合

① ヘボン式ローマ字で綴ります。

HIRAI MAO

② 変換表を見ながら、ローマ字が対応する数字に変換します。

HIRAI MAO→8、9、9、1、9、4、1、6

③ 各々の数を加算し、1桁の数字か、11、22、33になるまで分解して加算します。

8＋9＋9＋1＋9＋4＋1＋6＝47

4＋7＝11

➡ディスティニー・ナンバーは「11」となります。

コア・ナンバーズ③

ソウル・ナンバー

心が本当に求めていること、本能的に快・不快だと感じることを表すのが「ソウル・ナンバー」です。心の奥深くで魂が本能的に求めていることですから、「こうしたい」「あれが欲しい」という意識できる欲求とは異なります。「なぜだかわからないけれど惹かれる」、そんなこともソウル・ナンバーを参考にすれば、きっと納得できるでしょう。

また、「何かが足りない」という漠然とした不満を持っている人、「何かが違う」と心が訴えかけている人にとっても、ソウル・ナンバーを知ることは有効となります。心の声にじっくりと耳を傾け、実際に汲み取っていくことが、有意義な人生につながり、さらには幸せを引き寄せることにもつながるからです。ソウル・ナンバーは、「自分らしく」生きていくために、ぜひ参考にして欲しいナンバーです。

ソウル・ナンバーの求め方

「氏名」をもとに算出します。アルファベットと数字を対応させた変換表（p.50参照）を使い、氏名を数字に変換しましょう。ただし、ソウル・ナンバーで必要なのはアルファベットの母音のみです。ローマ字にした氏名から母音を取り出して算出します。

例：桜井みなみ（さくらいみなみ）さんの場合

① ヘボン式ローマ字で綴ります。

SAKURAI MINAMI

② 母音のみ取り出し、変換表を見ながら数字に変換します。

SAKURAI MINAMI

1 3 19 9 1 9

④ 各々の数を加算し、１桁の数字か、11、22、33になるまで分解して加算します。

1＋3＋1＋9＋9＋1＋9＝33

➡ソウル・ナンバーは「33」となります。

コア・ナンバーズ④

パーソナリティー・ナンバー

周りから自分がどう見られているか、どんなイメージを持たれているかを表すのが「パーソナリティー・ナンバー」です。

表面的なキャラクターとはいえ、実際には大きな影響があります。そのため、「人から持たれる印象＝本来の自分」と思っている人も。実際の性格とのギャップを魅力につなげたり、第一印象の雰囲気を効果的に使ったりと、人間関係や社会生活で活用したいナンバーです。

ただし、周囲からの印象を保つため、本来の姿や心の欲求を偽り続けていると、心が疲れたり、気持ちが追いつかず逃げ出したくなったりすることもあります。そうならないように、どう「見せる」ことが、自分にとって最適かを知っておくことが大切です。

パーソナリティー・ナンバーの求め方

「氏名」をもとに算出します。アルファベットと数字を対応させた変換表（p.50参照）を使い、氏名を数字に変換しましょう。ただし、パーソナリティー・ナンバーで必要なのはアルファベットの子音のみです。

例：星野亮次（ほしのりょうじ）さんの場合

① ヘボン式ローマ字で綴ります。

HOSHINO RYOJI

② 子音のみ取り出し、変換表を見ながら数字に変換します。

HOSHINO RYOJI

8 18 5 97 1

③ 各々の数を加算し、１桁の数字か、11、22、33になるまで分解して加算します。

8＋1＋8＋5＋9＋7＋1＝39

3＋9＝12

1＋2＝3

➡ **パーソナリティー・ナンバーは「3」となります。**

コア・ナンバーズ⑤

バースデー・ナンバー

自身の資質や才能を開花させるための武器や強みを表すのが「バースデー・ナンバー」です。

人生をよりクリエイトしたいと思うとき、このナンバーのポジティブな面を意識することが大切です。数の特性を表す９つのキーワードのうち、ポジティブなワードが自身の強みとなり、武器になります。

もしかしたらキーワードを見て、自分にそんな強みはないと思うかもしれません。ですが、持って生まれた数のエネルギーを発揮することが、人生のステップアップにつながると信じてみてください。

物事が思うように進まないときも、バースデー・ナンバーが味方をしてくれると信じて、数のパワー（ポジティブ・キーワード）を意識するようにすれば、現状を打破できるでしょう。

バースデー・ナンバーの求め方

「生まれた日」をもとに算出します。生まれ年、月は必要なく、生まれた日付のみで算出します。２桁の場合は１桁に分解して加算しますが、11日と22日生まれは１桁に還元せずに、そのままバースデー・ナンバーとします。

なお、33日生まれはないため、バースデー・ナンバーに「33」は存在しません。

例：1995年９月25日生まれの人の場合

① 生まれた日のみを用います。

25

② １桁の数字か、11になるまで分解して加算します。

25→２＋５＝７

➡バースデー・ナンバーは「７」となります。

パーソナル・チャートで自分自身を読み解く

5つのコア・ナンバーズを出す

それでは実際に「パーソナル・チャート」を作成してみましょう。

数秘術で算出するコア・ナンバーズは、自身を理解するために重要な情報です。下記の例を見ながら改めて算出方法を確認してください。

例：1993年2月27日生　中野弘海（なかのひろみ）さんの場合

ライフ・パス・ナンバー

生年月日、すべてを分解、加算する。加算した合計が1桁の数字か、11、22、33になるまで分解して加算する。

1 9 9 3年2月2 7日

1＋9＋9＋3＋2＋2＋7＝33

ディスティニー・ナンバー

氏名をアルファベットにし、すべてを分解、加算する。加算した合計が1桁の数字か、11、22、33になるまで分解して加算する。

N A K A N O　H I R O M I

5 1 2 1 5 6　8 9 9 6 4 9

5＋1＋2＋1＋5＋6＋8＋9＋9＋6＋4＋9＝65

➡ 6＋5＝11

ソウル・ナンバー

氏名の母音を取り出し、すべてを分解、加算する。加算した合計が1桁の数字か、11、22、33になるまで分解して加算する。

AAOIOI

116969

1＋1＋6＋9＋6＋9＝32

➡ 3＋2＝5

パーソナリティー・ナンバー

氏名の子音を取り出し、すべてを分解、加算する。加算した合計が1桁の数字か、11、22、33になるまで分解して加算する。

NKNHRM

525894

5＋2＋5＋8＋9＋4＝33

バースデー・ナンバー

生まれた日を分解、加算する（ただし、11日、22日生まれはそのまま）。加算した合計が1桁の数字か11になるまで分解して加算する。

27日

2＋7＝9

中野弘海さんのパーソナル・チャート（1993年2月27日生）

ライフ・パス・ナンバー…………33

ディスティニー・ナンバー………11

ソウル・ナンバー…………………5

パーソナリティー・ナンバー……33

バースデー・ナンバー……………9

変換表

1	2	3	4	5	6	7	8	9
A	B	C	D	E	F	G	H	I
J	K	L	M	N	O	P	Q	R
S	T	U	V	W	X	Y	Z	

読み解き①

全体の数字を眺める

パーソナル・チャートをどのように読み解くか、その方法を中野弘海さんのパーソナル・チャート（p.59参照）を例に解説します。

まず、5つのコア・ナンバーズの数字を眺めて、全体のイメージをつかみましょう。同じ数字が複数ある場合は、その数の特色（キーワード）が顕著に現れやすいといえます。中野さんはライフ・パス・ナンバーとパーソナリティー・ナンバーに「33」があり、同じ数字がふたつあることから「33」の特徴を色濃く反映しているでしょう。性質を表すライフ・パス・ナンバー「33」の豊かな感性や人を癒す力が備わっており、パーソナリティー・ナンバーも同じ数字であることから、実際の性質や才能と周りからのイメージが一致していると読み解けます。同じ数字が多ければ多いほど、そのナンバーがよくも悪くも強く出る傾向があるといえるでしょう。

同じ数字がない場合は、さまざまな要素を抱えていて多面性がある人と理解することができます。とはいえ、数字の組み合わせによっても、どの要素が強く出やすいか、どのように複雑なのかは異なります。

読み解き②

数の特徴を「軸となるもの」で把握する

数の特徴をつかむ方法のひとつに、考え方のベースとなる「軸」を把握する方法があります。何を軸に行動するのかを知ることは、数のイメージをつかむ手がかりとなるでしょう。

例えば、「身体」を軸に行動する人、「心」で感じたことを軸にする人、直感やスピリチュアルな「精神性」を軸にする人、「現実性」を重視する人、「知性」を軸に考える人、何よりも「愛」を優先する人、「未来」に軸を置く人、などに分けられます。

その数が持つ特徴を知ることで、その人が何を軸に判断しているのか、その傾向がみえてくるはずです。

中野さんの場合、直感やスピリチュアルなことを大事にする「精神性」を、軸に多く持っていることがわかります。次いで「愛」や「未来」

「心」などを軸に持つため、現実的なことよりも感性を大事にする傾向があるといえるでしょう。

考え方や判断の軸になっているもの

身体………… 1
心…………… 2、6（9）(33)
精神性……… 7、9、11、33
現実性……… 4、8、22（1）
知性（頭）… 3、7
愛…………… 2、6、9、33
未来………… 5（3）

※（　）内は、その特徴が一番ではないものの、ある程度の軸になっているといえます。ときにそれが重要となることもありますので、参考にしてください。

読み解き③

数の特色を「レーダー・チャート」でつかむ

数の持つ特色を9つの項目に分けたものが、レーダー・チャート(p.24 ～ 46参照)です。視覚的にもわかりやすいように、エネルギーを1～7段階で表しました。

例えば、中野さんの「33」を見ると、「実行力」「共感力」「直感力」が7ですから、「実行力も共感力も直感力もある」と、捉えることができますし、反対に「持久力」「集中力」が1であることから、「ウィークポイントになりやすい」と、捉えることもできます。

ですが、どの数値にも「0」はありません。たとえ数値が低くても、必ずその要素の「芽」は、誰もが持っています。数値の低い要素については、その数の持つエネルギー自体は低いといえますが、それは「数のエネルギー」であり、エネルギーが低いからといって「その人自身の能力が低い」というわけではありません。あくまで数の特色のひとつとして受け止めてください。

また、コア・ナンバーズのレーダー・チャートを5つ重ねてみると、パーソナル・チャートからわかる利点や強み、反対に弱みなどもわかってきます。数のキーワード以外に、レーダー・チャートから数の特色を知ることで、自身をより深く知るきっかけとなるでしょう。

読み解き④

「相性表」を活用する

数同士の相性を知ることも、数の特徴をより理解するために重要だといえるでしょう。相性表（p.63参照）は、数同士の相性を表しています。

この表は、自分と誰かの相性をみるときにも有効ですが、自分自身の５つのコア・ナンバーズの相性をみるときにも大変役に立ちます。基本はライフ・パス・ナンバーを中心に、ほかのコア・ナンバーズを、それぞれ横軸・縦軸に当てはめて交差する部分を見ますが、気になるほかのコア・ナンバーズ同士が交差する部分を見るのも参考になるでしょう。

例えば、自身のライフ・パス・ナンバーとほかのナンバーが矛盾の多い関係だった場合、葛藤が起きやすかったり、複雑な心境に陥りやすかったり……ということがあります。

反対に、相性のよい数同士が並んでいれば、自分自身を把握しやすくなるため、スムーズに自分の力を発揮できたり、思いのままに生きやすかったり……ということが考えられます。

中野さんを例にすれば（p.59パーソナル・チャート参照）、ライフ・パス・ナンバーの「33」と、ディスティニー・ナンバーの「11」は、相性表で「△」となり、ソウル・ナンバーの「５」とも「△」、パーソナリティー・ナンバーの「33」とは「☆」、バースデー・ナンバーの「９」は「△」です。

「☆」は同じ価値観を持っている組み合わせであり、「△」は似通ったものを持っていて、バランスのよい組み合わせとなっていますから、中野さんは自身を比較的把握しやすく、自分の力をスムーズに発揮しやすいタイプだといえるでしょう。

相性表

	1	2	3	4	5	6	7	8	9	11	22	33
1	☆	▲	△	■	△	■	▲	□	▲	▲	■	■
2	▲	☆	▲	□	▲	♡	□	▲	△	△	▲	△
3	△	▲	☆	■	♡	▲	▲	■	△	△	■	△
4	■	□	■	☆	■	△	□	♡	▲	▲	♡	▲
5	△	▲	♡	■	☆	■	□	■	▲	▲	■	△
6	■	♡	▲	△	■	☆	□	△	△	△	□	△
7	▲	□	▲	□	□	□	☆	▲	□	△	△	□
8	□	▲	■	♡	■	△	▲	☆	■	■	♡	■
9	▲	△	△	▲	▲	△	□	■	☆	♡	□	△
11	▲	△	△	▲	▲	△	△	■	♡	☆	□	△
22	■	▲	■	♡	■	□	△	♡	□	□	☆	□
33	■	△	△	▲	△	△	□	■	△	△	□	☆

マークの意味

☆ 同じ価値観を持ったもの同士。だからこそ、同調と抵抗、どちらも強く現れる組み合わせ。

♡ 似ている価値観を持ったもの同士。刺激は少ないものの、一緒にいてラクだと感じやすい組み合わせ。

△ どこか似通っているものを持ったもの同士。安定と刺激を適度に感じ、バランスのよい組み合わせ。

□ 距離を縮めるのに時間がかかるが、違いを受け入れ、打ち解け合えば長く続く組み合わせ。

▲ 感性が違うもの同士。足りないところを補い合えば成長できる組み合わせ。

■ 違う価値観を持ったもの同士。ぶつかり合うことが多いが、違いを尊重できれば刺激し合える組み合わせ。

読み解き⑤

ライフ・パス・ナンバーを読み解く

全体のイメージをつかんだら、コア・ナンバーズそれぞれの数字を掘り下げていきます。５つのコア・ナンバーズはどれも自分を知るために必要なナンバーですが、やはりメインとなる「ライフ・パス・ナンバー」を最初に読み解くことが大切です。

持って生まれた性質や才能に気づき、それを磨いていくことで、人生の道筋をより明るく照らすことができるでしょう。

読み解き①〜④で自分自身について大まかにでも把握できたら、ライフ・パス・ナンバーの数字が示す９つのキーワードやレーダー・チャートについてじっくりと確認し（p.24 〜 46参照）、その数の特徴と自身を照らし合わせてみてください。また、ライフ・パス・ナンバーが導くことを具体的に数字別で記していますので（p.68 〜参照）、そちらも併せて確認しましょう。

「とても納得できる」という場合もあれば、「これはちょっと違う」と抵抗感を持つ人もいるでしょう。数の示す性質や特徴に違和感を覚えた場合は、もしかしたら自分の本質を理解できておらず、長所を生かし切れていないのかもしれません。「当たっているかどうか」にこだわるよりも、自分を深く知るためのツールのひとつとしてライフ・パス・ナンバーを意識してみましょう。

数の持つ特色を意識すると、新たな発見があったり、ラクになれたり、道が開けるということも起こり得ます。

仕事や
恋愛・結婚観、
対人関係をみる

仕事や社会の関わり方について読み解く

どんな仕事が向いているのか、どんな役割がふさわしいのかを知りたいときは、「ライフ・パス・ナンバー」と「ディスティニー・ナンバー」に注目します。

その人の才能や気質を表すライフ・パス・ナンバーと、使命や役割を表すディスティニー・ナンバーを併せてみていくと、社会とどのように関わっていけばよいのか、とりわけ仕事に対してどのようにアプローチしていくのがよいか、ということがわかります。

それぞれのナンバーで該当する数についてよく読んだ上で、「数の軸」や「レーダー・チャート」「相性表」で確認してみましょう。同じ数字や似たような性質を持っている数同士の場合は、進むべき方向に迷いが生じにくいといえます。そのため、自然と数のメッセージの特色に沿った職業などを選択していくことになるでしょう。

逆にふたつの数字で矛盾が多い場合は、進むべき方向に迷いが生じやすく、不安になったり、不満が募ったり、充実感を得られにくいということがあるかもしれません。

例えば中野さんの場合は、ライフ・パス・ナンバー「33」で、ディスティニー・ナンバーが「11」です(p.59参照)。人のために何かをするのが喜びとなる性質(ライフ・パス・ナンバー)ですから、その性質をベースに、直感力を生かし人々に夢や希望を与えていく役割(ディスティニー・ナンバー)があるといえます。数の軸、レーダー・チャートや相性表を見ても、比較的似たような要素を持つ数同士ですから、自分の進むべき道を見つけやすいタイプだといえるでしょう。

恋愛・結婚観について読み解く

「ライフ・パス・ナンバー」は全体に関わってくる数字ですから、基本的な性質はもちろん、どんな恋愛観や結婚観を持っているかもわかります。「ソウル・ナンバー」は無意識に求めていること、いわば心の声なので、本能的に好きか嫌いかを判断する目安となります。

それぞれのナンバーで該当する数についてよく読んだ上で、「数の軸」や「レーダー・チャート」「相性表」で確認してみましょう。同じ数字や似たような性質を持っている数同士の場合は、「理性」と「本能」において差がないため、自分の好みや恋愛・結婚観が比較的わかりやすいといえるでしょう。

逆にふたつの数字に矛盾がある場合は、自分の気持ちに素直になれなかったり、本当に好きかどうかうまく判断できなかったり、本能では求めているのに理性ではそれをよしとしなかったりなど、葛藤を抱えやすく、もどかしさや不安を感じやすい傾向があります。

中野さんの場合は、ライフ・パス・ナンバー「33」で、ソウル・ナンバーが「5」です。数の軸やレーダー・チャート、相性表を見ると、若干のズレはありますが、そこまでかけ離れている要素はありません。比較的似たような要素を持つ数同士ですから、理性と本能でさほど差がなく、恋愛観も割とはっきりしているといえそうです。

「33」も「5」も束縛を好まない傾向がありますから、自由にさせてくれる相手が好みといえるでしょう。また、直感力に優れている数同士なので、会った瞬間「この人だ！」と運命の人がわかる組み合わせともいえます。

対人関係について読み解く

自身の性質をみる「ライフ・パス・ナンバー」と、周囲にどんな印象を与えているかがわかる「パーソナリティー・ナンバー」を併せてみていくと、対人関係においてどうすればよいかなどがわかります。

それぞれのナンバーで該当する数についてよく読んだ上で、「数の軸」や「レーダー・チャート」「相性表」で確認してみましょう。同じ数字や似たような性質を持っている数同士の場合は、自身の性質と周りから見られる印象にあまり相違がなく、まさに印象通りの人となります。

逆にふたつの数字に矛盾があると、自身が考える自分像とは違ったイメージで周囲から見られがちで、本来の自分とは差のある役割を期待されるなど、そのギャップに苦しむことが多いかもしれません。対人関係において悩み事がある場合は、そのギャップを埋めるように行動するべきか、逆にそのイメージを利用して自分がラクになれる方法を探すべきか、考える必要があるでしょう。

中野さんの場合は、ライフ・パス・ナンバーもパーソナリティー・ナンバーも「33」ですから、まさにイメージ通りの人ということになります。よくも悪くも数のエネルギーが強く出る場合がありますから、とてもピュアな面が強調される場合と、天然な部分が悪目立ちする可能性があるでしょう。

「バースデー・ナンバー」を活用する

生まれながらに持っている強みを表すのが「バースデー・ナンバー」です。そのため、このナンバーをしっかり意識すると、弱点の克服につながります。ナンバーの特性を表す９つのキーワードのうち、ポジティブなワードだけを意識するのがポイントです。

現状に満足していなかったり、状況が停滞していたり、なんとなくうまくいかないと感じるなら、バースデー・ナンバーの数のエネルギーを意識しましょう。ほかのコア・ナンバーズに異なる数字が多いと、その強みを自覚しづらいかもしれませんが、もともと持っている強みですから、ネガティブな部分が打ち消され、生き方や決断をサポートしてくれるはずです。

例えば、中野さんの場合は「９」の９つのキーワードのうち、「共感力」「理解力」「柔軟性」「思いやり」「癒し」「寛大さ」「奉仕力」が強みとなります。そのときの状況に応じて、どれかひとつを意識するのでも大丈夫。意識すれば思考に変化が現れ、思考が変われば行動に変化が現れます。すると、徐々に状況が改善されていくのを感じられ、バースデー・ナンバーを自分の強みとして実感できるようになるでしょう。これも引き寄せ数秘術といえます。

Number
1

ライフ・パス・ナンバー

Life Path Number

1

未知なる世界にも飛び込める行動力と強いパワー

数の始まりを表す「1」をライフ・パス・ナンバーに持つ人は、新しいことの先駆者、グループのリーダーになる素質があります。

ほかの人たちが尻込みするような未知の事柄などにもチャレンジし、男性的な強さと行動力で、たちまち周囲を取り込んでしまいます。ひるむことなく困難に立ち向かっていくので、頼りになる指導者として、一目置かれる存在になることも。「１」の持つ情熱とパワーに引きつけられる人は少なくありません。

「１」には突き抜けるような、強い自立心と主張があります。たとえ外見がはかなげだとか、意志が弱そうに見えたとしても、中身は一本筋の通った芯のある人です。知らず知らずのうちに場をまとめていたり、頼られていることがあるでしょう。

「１」の人は、恋愛においても積極的です。この人と思ったら、一直線に猛アピール。多少の障害には屈することなく、かえって燃え上がるタイプです。

自分の中の「１」気質に首をかしげる人は、まず積極的に手を挙げ、発言してみましょう。周りがあなたのリーダーシップに気づき、認めてくれるはずです。自分に自信がついてくれば、知らない場所や知らない人々の中にも、飛び込んでいくことができるかもしれません。

立ち位置 ➡ **常にトップ**

集団の中では群れを率いるリーダー、個々の間柄では、ぐいぐい前へ進んでいく頼りになる存在、というのが「1」をライフ・パス・ナンバーに持つ人の立ち位置。何か新しいことを始めるときは切り込み隊長となって、真っ先に行動するでしょう。先頭に立つ者、上に立つ者にはプレッシャーがつきものですが、「1」の人は持ち前の強靱な精神力ではねのけてしまいます。

ですが「1」のリーダー気質と行動力は、場合によっては自己中心的な振る舞いとなりかねません。一人で突っ走り、気がついたら誰もついてこなかった、なんてことのないよう注意しましょう。リーダーとして周りに気を配り、仲間をフォローしてあげることも大切です。

長所 ➡ **強さと行動力**

確固たる自我と自立心を持つ「1」の人は、一番に手を挙げて発言しますが、単なる言い出しっぺで終わるのでなく、そのあとの行動も伴います。また、行動した結果が失敗に終わったり、思わぬ障害が待ち受けていたとしても、落ち込むことがほとんどありません。新たな角度から再度挑戦し、すぐに立ち向かう強さが「1」の長所です。

その行動力は、好奇心が旺盛で積極的なところから発せられますが、よく考えない軽はずみな行動は事故のもと。実行力があるだけに、注意深く慎重になるよう心がけましょう。

弱点 ➡ **持続性のなさ**

興味があることにはすぐ飛びつき、行動に移せるフットワークの軽い「1」の人。しかし残念なことに、新たな興味の対象が現れると、そちらに目がいってしまうため、結果として長続きしません。旺盛な好奇心と行動力の強さが災いし、ひとつのことを持続させることができないのです。

行動に移す前、ときには一度立ち止まって、過去と未来を精査する努力が必要かもしれません。

Number
1

ディスティニー・ナンバー
Destiny Number 1

強い開拓精神と確固たる信念で 新たな一歩を踏み出す

ディスティニー・ナンバー「1」の人には、力強いリーダーシップと、何かを始めるという使命があります。難しい局面に立たされたときに、打開するパワーと統率力が必要とされるでしょう。問題解決のためのアイデアが求められることもあります。

これまでリーダー的な立場になったことがない、積極性もないし自分にあまり自信がないという人は、ぜひ勇気を出し、第一歩を踏み出してみて。とにかく、始めてみることが大切です。能動的に行動を起こすことで、眠っていたフロンティアスピリットが目を覚まし、新たな自分を見つけることができるでしょう。

何もないところから何かを生み出すこと、ゼロからのスタートには大きなエネルギーが必要ですが、ディスティニー・ナンバー「1」は、その役割を担う数字。「1」の人が持つエネルギッシュな行動力とバイタリティーで、ゼロを1に変え、始めることができるのです。

ソウル・ナンバー
Soul Number 1

じつは上昇志向が強く トップになることを望んでいる

ソウル・ナンバー「1」の魂は、奥深いところで旺盛な自立心を持っているため、自分の力で周りを統率していきたいと思っています。

仲間内や職場で、納得のいかない気持ちや疑問を持つことが多い場合、あなたの中のリーダーシップが、潜在的に働いている可能性が。さりげなく自分の意見を出し、それが認められるようになると、深い満足感が得られるでしょう。さらに自ら発信し、先導者となることを、魂が望んでいる可能性もあります。恋愛においては、愛されるよりも、愛することのほうが合っているし、望んでもいるでしょう。

毎日が何か物足りない、つまらないと思っている人は、今よりも社会的な地位が向上した自分を想像して。じつは、人より上へ行くことを望んでいるのかもしれません。また、上を目指して努力することが、自分にとって必要なことだと気づく可能性もあります。その小さな認識ひとつで、毎日が充実してくるはずです。

パーソナリティー・ナンバー

Personality Number 1

問題を解決に導いてくれる
頼りになる存在

パーソナリティー・ナンバーが「１」の人は、周囲から「統率力のあるリーダー」というイメージを持たれています。この人についていけば安心、この人に意見を聞いてみよう、と周りから思われています。期待に応えることができることもあれば、難しいこともあるでしょう。100パーセントを目指さなくても、できる範囲で応えれば、周りは納得してくれます。無理して背伸びをせず、自分らしさを大切に。

頼りにされる反面、自己主張の強さや自我の強さが、周りの人にとって不快に映ることもあります。周囲の反応を確認しながら進むことを忘れないでください。

また、新しいことに次々とチャレンジしていく「１」の人は、後続の人に、お手本とみなされることがあります。大なり小なり、さまざまな影響を与えるでしょう。チャレンジ精神だけでなく、マナーやモラルにおいても、よい手本となるような気遣いが必要です。

Number
1

バースデー・ナンバー

Birthday Number 1

行動を起こすことで
自らの人生を開く

バースデー・ナンバー「1」の人は、いざというときの思い切った行動力が、人生の強みとなります。

問題に直面し、どのように解決するか悩んだとき、助言を求めたり周囲に合わせたりするのではなく、自分から発信するポジティブな思考を信じて前へ進みましょう。「1」の持つ力強い行動力は、あなたの人生の強みとなり、才能を開花させてくれます。

1日生まれの人………「1番」や「トップ」が、可能性を広げるキーワードとなるでしょう。実際に1番を取るということではなく、常に高みを目指す向上心が、あなたの人生を支えてくれます。

10日生まれの人……やみくもに能力を発揮し続けるのではなく、結果を出すための努力を忘れずに。さらに、自分の役割をアピールしつつ行動すれば、あなたにとって有益な実績となるでしょう。

19日生まれの人……真逆の発想や思いがけない組み合わせによって、成功をもたらすことがありそうです。一般的な概念を覆すような、思い切ったアイデアを、積極的に発信していきましょう。

28日生まれの人……何事にも臆することなく、チャレンジ精神を大切に。誰も成し遂げていない領域へ、真っ先に突入することで、活躍の場を増やせます。

1の強み ➡ 自立心、積極性、行動力、外交的、開拓精神、リーダーシップ、男性性

1の引き寄せアイテム

Theme Color

レッド

Stone

インカローズ、ルビー、ガーネット

Item

新作のもの、新発売の商品、スポーツアイテム、
とがっているもの、キャンドル

Place

新天地、新規オープンのお店、
開発された場所

Fashion

スポーツミックス系、メンズライク系
※男性の場合はアスレジャーなどスポーツミックス系

AromaOil

ペパーミント、ローズウッド、ブラックペッパー

Food

主食となるもの、熱いもの、辛いもの、赤い食材

Number
2

ライフ・パス・ナンバー

Life Path Number 2

穏やかに優しく 寄り添い支えてくれる存在

「２」をライフ・パス・ナンバーに持つ人は、人の気持ちを敏感に察知して、汲み取ることが得意です。二人の間では、相手の意見を尊重し、複数の中では、対立する人の意見をバランスよく取りまとめていきます。

基本的に周りに合わせて行動する協調性があり、単独行動や争い事を好みません。女性的な優しさと細やかな気配りで、周りの人たちを癒します。ただ、相手の要望に応えることが喜びなので、行きすぎると自分を犠牲にしてしまうことも。人のことばかりではなく、自分自身を見つめる時間が、ときには必要となるでしょう。

自分から先頭に立ち、責任を負うことが得意ではないので、グループの中では、率先して新しい企画や意見を出すタイプではありません。しかしライフ・パス・ナンバー「２」の人には、足りない部分を補い、欠点を指摘する能力があります。グループが物事を進めていく上で、正しい道筋を示す、とても重要な存在となるのです。

二人でいることが自然な「２」の人は、早い時期から恋愛や結婚を意識するでしょう。相手に合わせることができ、安定を求めるので、一人の人と長続きする傾向にあります。半面、相手に尽くしすぎたり、依存することもあるので注意が必要です。

立ち位置 ➡ すぐ隣

自己主張せず、一歩引いたところで、観察しながら考えをまとめていくライフ・パス・ナンバー「２」の能力は、リーダーを支えるサブの位置に適しています。それは二番手に甘んじるというよりも、一番手であるリーダーにできないことを補佐し、共にパートナーとして支え合うイメージ。「２」の持つ柔軟さがリーダーの強さと相まって、難題を成功へと導くことがあるでしょう。

困ったとき、助けが必要なときに救いの手を差し伸べてくれる「２」は、友人としてもありがたい存在です。隣にいてくれるだけで心強く、安心できます。

長所 ➡ 抜群のサポート力

「２」の人は、誰かのために何かをすること、人の役に立つことが好き。そして、人の気持ちに共感し、細やかな気配りをします。こうした点から、必要な相手に対し、迅速で的確なサポートをすることができるのです。

サポートしていくなかで人とのつながりや協力態勢が強まり、コミュニケーション能力も上昇します。穏やかな「和」の中心には、「２」のいることが珍しくありません。

他者同士のつながりにも敏感で、さりげなく仲裁に入ったり、結びつけたりと、進んで調整役になります。誰からも愛され、好感度が高いため、人から与えられる恩恵も多いでしょう。

弱点 ➡ 消極的な発信

周りの状況や相手の気持ちを優先する傾向がある「２」の人は、選択の際、なかなかひとつに絞れず優柔不断になる傾向があります。自己主張もあまりできないので、ついほかの人の意見を頼りにしがち。

控えめなのは美点ですが、あまりに煮え切らない態度は、何を考えているかわからない人、と思われてしまいます。嫌なことを断れなかったり、思いを外に出せないままでいたりすると、ストレスにもなります。必要なときには自ら決断し、発信できるよう心がけましょう。

Number

2

ディスティニー・ナンバー

Destiny Number 2

繊細なバランス感覚で
平和と安心感をもたらす

社会の中で人々をサポートすること、人間関係を円滑にすることがディスティニー・ナンバー「２」の使命です。

率先して物事を始めたり、意見を出すことはあまりありませんが、静かに共感しながら、周囲の発言を聞きます。周りの人に優しく気を配り、不和があれば調停役になるでしょう。

大きく目立つ存在ではありませんが、周囲とのバランスをうまくとり、まとめていくことで、集団や社会にとって必要不可欠な存在になります。近くにいるだけで勇気づけられ、支えられる人もいます。「２」の人がもたらす平和で安心感のある環境は、グループの団結力を強くします。足りないものや欠けているものを見つけ、うまく調整しながら補っていくことで、個々の能力をも引き上げる効果があるでしょう。

ソウル・ナンバー

Soul Number 2

穏やかな場所で
人とのつながりを求める

ソウル・ナンバー「２」の魂は、争い事のない平和な環境を求めています。穏やかでいられ、安らぎを感じられるところが、心の落ち着く場所でしょう。しかし、孤独には耐えられず、独りでいると寂しくなってしまいます。静かなところでいつも誰かとつながっていたい、そう心の奥では望んでいるでしょう。

「２」の人は心の中で、周りの人を支えてあげたい、良好な人間関係を築きたいと願っています。もしそれができていないと感じるなら、意識的に相手の気持ちに寄り添っていきましょう。人の役に立つこと、相手の要望に応えることができると、それが喜びにつながります。

恋愛において、じつはかなりロマンチック。豊かな愛情で相手を包み込みます。「２」にはしっかりとリードしてくれる相手が理想です。優しさと協調性で、恋愛や結婚生活を長続きさせることができますが、献身的な愛が相手の重荷になることもあるので注意しましょう。

パーソナリティー・ナンバー

Personality Number 2

誰からも好かれる
気配り上手な調整役

パーソナリティー・ナンバー「２」の人は、場を和ませてくれる癒し系というイメージがあります。

聞き上手な上、この人なら味方になってくれそう、と思わせる雰囲気を持っているでしょう。そのため、相談事や頼み事がひっきりなしに寄せられることも。グループの中ではサポーター役を求められます。自然に寄り添ってくれる「２」を頼りにする人も多いでしょう。

自分のことよりも、ほかの人のことを優先するイメージもあり、親切で優しく、周りに好印象を持たれます。その反面、優柔不断ではっきりしない態度に、何がしたいのか、何を考えているのかわからない、と思われることもありそうです。

周りに対して細やかな気配りができることで、この人は口に出さなくても気持ちを汲み取ってくれるはずだ、と勝手に判断されてしまう可能性も。もし、誤解が生じていそうだと感じたら、率直に相手に問いかけてみましょう。

Number

2

バースデー・ナンバー

Birthday Number 2

受け入れることで
人生をより豊かに

バースデー・ナンバー「２」の人は、受容性が人生の強みとなります。

困難な状況が発生したときや、苦手なものに遭遇してしまったときは、無理やり回避したり、乗り越えようと努力したりするよりも、まずは受け入れること。「２」は、しなやかで柔軟な適応力を持っていますから、受け入れることによって、問題は解決に向かうでしょう。

無理な要求をされても、すぐに突き返したりしないこと。「２」は争うことではなく、受け入れることが強みです。角が立つくらいなら、ひとまず精査するためにも受け取りましょう。話を聞いたり、観察したりしてから、正しく判断できるのが「２」。こちらが一歩引くことで空きスペースができ、お互いに歩み寄ることも可能となるのです。

2日生まれの人………人の意見に耳を貸し、アドバイスを積極的に受けることが強みに。特にパートナーとなる人の助言は大切です。あなたの進むべき道を示してくれるでしょう。友人たちとの社交生活は、人生において重要なキーポイントとなります。

20日生まれの人………繊細さが強みでしょう。自身が傷つきやすい一面があることを自覚しているからこそ、人の感情を汲み取ることができるのです。困っている人がいれば、そっと寄り添い声をかけるはず。その思いやりこそが強みとなります。

２の強み ➡ 協調性、受容性、歩み寄り、繊細、感受性、汲み取る力、女性性

2の引き寄せアイテム

Theme Color

ホワイト

Stone

ムーンストーン、パール

Item

暖かいもの、オーガニックコットン、シルク素材、
クッション、タオル、絵本

Place

家、部屋、居心地のよい場所、美容院、
レストラン、泉

Fashion

フェミニン系

※男性の場合はサロン系など中性的なファッション

AromaOil

クラリセージ、カモミール

Food

温かいもの、乳製品、卵、貝類、白い食材

Number
3

ライフ・パス・ナンバー

Life Path Number

3

座右の銘は「人生楽しんだもの勝ち」

ライフ・パス・ナンバー「3」の人は、大人になっても、無邪気な子供のままの心を持っているかのようです。明るく天真爛漫で、人生を楽しむラテン系。その楽しさは周囲の人にも広がり、場のムードメーカーになるでしょう。

「3」には、自由な発想と表現で新しいものを創り出す、クリエイティブな才能があります。話し合いの場では、誰も考えつかなかった斬新なアイデアがひょいっと飛び出すことも。ユーモアのある発言や、ドキッとさせるような意見も得意です。

仕事も遊びも、ワクワクすること、面白いと感じることにしか食指が動かない「3」。同じ作業の繰り返しや地道な工程になると、急に興味を失ってしまいます。あれもこれも手を出していくと、器用貧乏になりかねません。ひとつのことを続けるには、少しずつ新しい変化をつけ、飽きさせない工夫が必要です。

恋愛面においても、楽しさが優先。一緒にいて楽しいのはもちろん、ある程度自由気ままにさせてくれる相手が理想でしょう。ノリがよいので、直感に従い電撃結婚、という展開もありそうです。子供ができれば、子供と同じ目線で遊んだり学んだりしながら、育児を楽しめるでしょう。

立ち位置 ➡ 子供

大人の中に子供が一人でも入ると場が賑わうように、集団に「３」が加わると、雰囲気がガラリと変わります。ユーモアあふれるひと言にみんなが大笑いしたり、固定概念を覆すような意見が飛び出したり。子供のような明るさとユニークなアイデアが、「３」の持つ魅力です。

ただし、気まぐれなので飽きて興味を失うと、途端にテンションが下がります。面白くないと思ったら、話を聞くことにも苦痛を感じるほど。また、さっきまでは機関銃のようにしゃべっていたのに、急に違うことを始めたりして、その場にいる人を困らせることも。自身の気まぐれな態度が、周りを不安にさせることもあることを念頭に置きましょう。

長所 ➡ 豊富なアイデア

新しいもの創ったり考えたりするのが好きな「３」の人は、次から次へといろいろなアイデアを思いつきます。ほかの人とは違う、個性的なアイデアを出して、周りの人を楽しませるのも好きです。

面白そうなことにはすぐ首を突っ込むので、情報や流行に敏感。あちこちに足を運んではインスピレーションを受け、また新しいアイデアを思いつきます。

今あるもので工夫して作ることや、一見つまらなそうなところから面白いものを発見することも得意で、出来上がったとき、発見したときには大きな喜びを感じます。

弱点 ➡ 飽きっぽいところ

表現すること、創造することが大得意な「３」ですが、細かい部分まで詰めるのは苦手。大体のアウトラインを描いて満足し、あとは他人任せになりがちです。

最後まで自分でやり遂げる必要に迫られたとき、「３」の人が努力しなければならないのは、やるべきことから目を背けない、投げやりにならない、途中で放り出さないこと。さらに、ストレスを感じると浪費に走る傾向もあるので、注意しましょう。

Number

3

ディスティニー・ナンバー

Destiny Number 3

創造する楽しさで
自分と周りをハッピーに

あふれ出るアイデアを提供すること、場を盛り上げて明るくすることがディスティニー・ナンバー「３」の使命です。

話し合いの流れが停滞して、静まりかえってしまったときは、「３」の人が放つひと言で、空気を変えることができます。場違いな発言と思われるようなことでも、今までと違った目線のアイデアを投入することによって、議論が活発になるでしょう。

楽しいこと、ワクワクすることを発信する「３」は、人生の楽しさを伝える伝道師。発する言葉の一つひとつが、周りの人たちに影響を与えています。行き詰まっている人、ネガティブになっている人に、笑いと喜びをもたらすことで、自分も幸せになれるでしょう。

ソウル・ナンバー

Soul Number 3

常に楽しみたい
無邪気でポジティブな子供の魂

ソウル・ナンバー「３」の人は、心の中でいつも、面白いことや楽しいことを求めています。実用性とか現実性は置いておいて、のびのびとできる、居心地のよい場所に吸い寄せられるでしょう。

クリエイティブなことも好き。気がつけば何かを創り出していたり、創意工夫に没頭していたりすることも。そんな時間が幸せにつながっているでしょう。自分が楽しければ、それが役に立つか立たないかは関係ありません。

もし普段口数が少なかったとしても、おしゃべりをすることで、ストレス発散になることがあります。周りと楽しくコミュニケーションをとることは、「３」の魂が求めていることでもあるのです。

無邪気でピュアな心を持つため、恋愛面では打算的なところがまるでありません。ハートにビビッとくればOK。家族や友人が「え？」と思うような、個性豊かな人を選ぶこともありそう。自身の子供っぽいところを補ってくれて、細かい作業を厭《いと》わない相手が合うでしょう。

パーソナリティー・ナンバー

Personality Number 3

いつもニコニコ
楽しいムードメーカー

パーソナリティー・ナンバー「３」の人は、周りから、頭がよくて多才な人物だと思われています。それに、いつでも面白いことを見つけて楽しそう、そばにいるだけでワクワクする、という印象です。

流行に敏感で好奇心旺盛に見えるため、何かと誘いが多くなることも。気が乗らないときは、無下に断るのではなく、「３」らしいポジティブな発想で、断る術《すべ》を身につけると相手に不快な思いをさせずにすみます。

堅実でまじめなタイプの人からは、大雑把で気まぐれ、無責任といったマイナスのイメージを持たれることがあるかもしれません。自分は真剣にまじめにやっているつもりなのに、周りからは軽薄だと思われてしまうことも。

もし、明るく楽しい「３」のイメージが本来の自分ではないと辛く感じるならば、本来の自分に戻れる時間や場所が必要です。無理をして楽しいふりをしてもストレスがたまるだけですから、疲れを感じたら、一定の距離を置き、リセットするように心がけましょう。

Number
3

バースデー・ナンバー

Birthday Number 3

楽観的な思考が 前へ進む原動力となる

バースデー・ナンバー「3」にとっての強みは楽観性です。「なんとかなるさ」と苦難をスルーし、楽しいことを見つける天才でしょう。自分にとってマイナスなことでも、何か面白いところを見つけて、プラスの発想に変えてしまえる人です。また、普通なら怒られてしまうような失敗でも、ユーモアで笑いに変える強さがあるでしょう。

知性に基づくセンスとひらめきに恵まれた「3」は、豊富なアイデアで周囲をアッと驚かせます。注目を浴びることも好きなので、周囲の関心を引きながら、流れに乗って進むことができそうです。

3日生まれの人……… ピンチのときほどそこに楽しみを見出して。楽しいことに変換できれば、ピンチがチャンスに変わります。
12日生まれの人……… 自分が楽しいと思うことを他者に伝えたり、形に残したりすることを心がけましょう。SNSやブログなどの発信で、才能が開花するかもしれません。
21日生まれの人……… 臆することなく自分を表現することが大切です。一般受けするかどうかを気にせず、積極的に発信しましょう。
30日生まれの人……… 初心にかえって自分を見つめ直すことが前に進むステップです。難しく考えていたことが、楽になるきっかけになるでしょう。

3の強み ➡ 喜び、楽観性、知性、ユーモア、社交性、創造性、表現力

3の引き寄せアイテム

Theme Color
イエロー

Stone
シトリン、アラゴナイト

Item
スマートフォン、雑誌、自転車、スニーカー、
ポータブル・オーディオプレーヤー、ゲーム

Place
アミューズメントパーク、広場、
ショッピングモール、映画館、フードコート

Fashion
ボーイッシュ系、モード系

AromaOil
レモン、レモングラス

Food
トレンドグルメ、サンドイッチ、
酸味のあるもの、黄色い食材

Number
4

ライフ・パス・ナンバー

Life Path Number 4

揺るぎない信頼を得る 堅実な努力家

ライフ・パス・ナンバー「4」の人は、目に見える現実的なものを信じて行動するタイプで、地に足の着いたしっかり者です。出されたアイデアを形にして、具現化する能力があります。地道な努力を厭わず、コツコツと自分のペースで継続するため、それが周囲からの信頼となり、称賛される人物となるでしょう。

周りの人に対しても、必要とされれば思いやりの心を持って、誠実に関わっていきます。ちょっと融通が利かず、堅いところがあるため、最初のうちはまじめで取っつきにくい人と思われるかもしれません。ですが、親しくなるうちに、絶対的な信用を得るでしょう。

安定感・安心感を重んじる「4」は、軽はずみな行動をとることはなく、いつも計画的に物事を進めていきます。持久力がありますから、途中で頓挫することなく、任務を遂行します。

恋愛においても堅実な「4」は、徐々に愛情を深めていくタイプ。ひと目ぼれや、ドラマチックな恋愛を夢見ることはあまりありません。恋愛には刺激より安定を求めていますから、基本的に不倫や浮気などとは縁遠いでしょう。わりと古風なところがあるので、信頼できる人の紹介やお見合いなどから交際が発展しやすいかもしれません。

結婚後は、家族を大切にして、安定した生活を送ることが理想です。

立ち位置 ➡ 実直な管理人

この人なら安心して任せられる、裏切られることはない、と全幅の信頼を得るのが「４」の特徴です。実直で保守的なところを買われて、金銭的なやり取りや管理を任されることがあるでしょう。

しっかり者で面倒見がよいことから、世話役を頼まれることもあります。頑固一徹な面は、最初こそ受け入れられづらいかもしれませんが、誠実な態度が実を結び、徐々に友好的な関係を築けるでしょう。礼儀正しく、思いやりのある「４」は、最終的にとても尊敬され、末長く付き合いたいと思われる人です。ただ、頼りにされて、任される業務が山積みになってしまっても、なかなか断ることができません。手を抜くことも苦手な「４」は、一人で背負って苦しむこともあるでしょう。ときには人に助けを求め、重荷を下ろすことも必要です。

長所 ➡ たぐいまれな継続力

一人でコツコツと頑張る、勤勉で努力家の「４」は、まさに「継続は力なり」の格言を具現化した人。ルーティン作業が得意で、同じことを繰り返す中で自分のリズムを作り出し、のめり込むことができます。多少不器用なところがあったとしても、努力と集中力でやり遂げる底力が「４」の持ち味。ショートカットや抜け道をせず、一歩一歩、確実に進むのが「４」のやり方です。

地味でマイペースな「４」を効率の悪いガリ勉と揶《や》揄《ゆ》する人がいるかもしれません。ウサギとカメでいったら、断然カメのほうですが、それを残念に思わないで。最後に勝つのはカメである「４」なのです。

弱点 ➡ 融通が利かない

「４」の難点は、まじめで一直線な性格が裏目に出やすく、臨機応変に柔軟な対応ができないところ。綿密に立てたプランが計画通りに進まなくなった途端、パニックに陥ってしまうこともありそうです。

また、自己管理のしっかりとしている「４」は、他人に対しても、つい自分同様の厳しさで対応してしまいがち。人間関係をスムーズに保つためには、多少融通を利かせる必要もあるでしょう。

Number
4

ディスティニー・ナンバー

Destiny Number 4

思いつきや着想を
論理的に具体化

話し合いや計画のプロセスで、投げかけられたアイデアを受け止め、実現可能にするのが「4」の人の役割です。

面白いアイデアがあっても、それを形にできる人がいなければ、何も作り出せません。目立つ存在ではないものの、グループにとって欠かせない存在です。理論的な方法で築き上げられる「4」の構想は、基礎がしっかりとしていて安定感があります。頑丈で正確な基盤から生み出されるものには、信頼という付加価値がついてくるでしょう。

伝統的なルールをもとに、社会の秩序を守っていくのも「4」の使命。世の中には、身勝手な「自分ルール」で秩序を乱している人がいますが、ディスティニー・ナンバー「4」が作り出す規則性は、誰から見ても安心安全。社会の模範となるものを作り出すのです。モラルと常識に忠実な「4」が、自ら手本となるべく堅実に生きることで、社会の安定は保たれるでしょう。

ソウル・ナンバー

Soul Number 4

現実的な方法で
安定した地位を得たい

ソウル・ナンバー「4」の人が本能的に求めているのは、夢や理想ではなく、手で触れることのできる現実的なもの。感覚的な世界よりもシステマティックな世界を心地よく感じるでしょう。

警戒心の強さから、はじめての場所や人には、引っ込み思案になることも。回を重ねていくうちに打ち解けるタイプです。安心と安定が得られることで、新しいことに馴染んでいきます。念入りなプランニングも「4」の安心材料。最終的なゴールに向けた計画を綿密に立てることで、不安を取り除けます。急な変更や想定外の出来事には弱いので、慌てないよう代替プランを立てておくとよいでしょう。

ソウル・ナンバー「4」の恋愛は、性急で刺激的なアプローチを好みません。時間をかけて徐々に育んでいく愛情を、無意識のうちに求めているといえそうです。付き合いや結婚にも、安心できる相手と環境を望んでいるでしょう。

パーソナリティー・ナンバー

Personality Number 4

礼儀正しく誠実で
絶対的に信頼できる人

パーソナリティー・ナンバー「4」の人は、この人なら大丈夫と周りから信用されます。コツコツと丁寧な努力を怠らないイメージがあるので、何をやるにも安心感を持たれるでしょう。

集団にいて目立つことはありませんが、いてくれれば心強く、何かと頼りになる存在です。しっかり者でマイペース、自制心があって、いつも平静を保っていると見られています。失敗したときはすぐに謝り、間違いに気づいたらすぐに正す、素直で率直な人というイメージを持たれているでしょう。

実際の自分はしっかり者ではないのに、実直なイメージを持たれて責任を押しつけられたり、頼まれ仕事でオーバーワークになって困ったりした場合は、丁寧に、そして正直に断ることが大切です。普段から誠実な対応をしているはずですから、逃げたとは思われず、大きなトラブルに発展することはないでしょう。

Number
4

バースデー・ナンバー
Birthday Number 4

正確な働きと根気で着実に進んでいく

まじめで努力家のバースデー・ナンバー「４」の強みは、目的を持ったらゴールまでやり遂げる、というブレない堅実さです。

「４」が目標とするところは、ぼんやりとした夢物語ではなく、十分に実現可能な範囲にあります。一度目標を立てたら、綿密にプランニングし、手中にしたことが確実になるまで努力し続けるでしょう。

同じことを続けるのが苦にならないのも「４」の強み。ゆっくりと積み重ねていく根気は、途中の過程では気づかれないかもしれませんが、完成したときに周りを驚かせます。要領が悪いのではなく、緻密で正確な作業の繰り返しだったのだと、結果が示すのです。

4日生まれの人………地道に培った努力と経験が武器。経験することで自信につながり、実際に成功するはず。大局を見るのが苦手なので、ときどき遠くから眺めたり、角度を変えて見るようにしましょう。

13日生まれの人………安定した持久力に加え、創造力にも恵まれています。どれだけ日数のかかる仕事でも、果敢にチャレンジし、完成させるでしょう。何かを作っている時間が一番輝けます。

31日生まれの人………自分に対しての目標が高く、こだわりが強いので、なかなか満足することができません。伝統的なものに対し、自分流のアレンジを加えてみると、うまくいくことがあるでしょう。

4の強み ➡ 安定、現実的、管理力、具体性、建設的、持久力、まじめ

4の引き寄せアイテム

Theme Color

グリーン

Stone

エメラルド、ヒスイ、
アベンチュリン、マラカイト

Item

アンティーク品、伝統工芸品、
農作物、組み立てグッズ

Place

伝統のある場所、歴史のある場所、
公共施設、洋館、屋敷、畑

Fashion

和服、コンサバ系、ベーシック系

AromaOil

サイプレス、サンダルウッド

Food

和食、蕎麦、根菜類、緑色の食材

Number
5

ライフ・パス・ナンバー

Life Path Number

5

自由と理想を求めて動き続けるドリーマー

ライフ・パス・ナンバー「５」の人は枠にはまらない自由人。好奇心のままに出かけては、何かしら新しい体験をしてくる行動的な人です。自分の枠を広げることを目標としているので、何にでもチャレンジし、ときには限界を超えていくことも。その分、思わぬトラブルに巻き込まれたりもしますが、それもまた未知の体験として吸収します。

経験値が高いので話題が豊富、頭の回転も速い「５」は、おしゃべりしていてとても楽しい人です。また、例えがうまく、説明も上手なので、自然と周囲に人が集まってきます。口下手だと思っている「５」の人は、文章で表現することが向いているのかもしれません。

変化に敏感で、常に変化する環境に身を置きたがります。しかし環境を変えても何か落ち着かない、満たされないと感じる「５」。自身のこの性質を理解していないと、心に葛藤を生むことになるでしょう。

アクティブで大胆、話をすれば楽しい「５」は、同性からも異性からもモテるタイプ。恋多き人と思われるかも。いろいろな人に興味があり、恋愛も体験のひとつと捉えるため経験豊富になりそうです。

束縛されるのが嫌いなので、ある程度自由にさせてくれる、懐の広い相手と結婚すると長続きします。あるいは、同じくらい好奇心とスピード感のある相手なら、うまくいく可能性が高いでしょう。

立ち位置 ➡ **気ままな自由人**

フットワーク軽く飛び回る「5」は、前例にとらわれない自由な発想の持ち主。誰も知らなかった面白い体験や情報で、人を引きつけます。輪の中心にいることの多い「5」ですが、一人でふらっとどこかへ行ってしまい、気づくといない、なんてことも。けれど、なぜかいつも存在を感じさせる人です。

あちこちに顔を出しては、興味のあるものを習得していくので、多芸多才な人が多いのも「5」の特徴。なんでも器用にこなすため、うらやましがられるかもしれません。けれども「5」の目的は完成させることではなく、探求することなので、途中でやめてしまうことがほとんど。人によっては、いつも中途半端で気まぐれに映るでしょう。

長所 ➡ **変化し続けること**

「5」の知的好奇心は貪欲です。五感をフル稼動させ、スポンジのような吸収力で学んでいきます。学んだことで自分を変化させ、どんどん成長していくでしょう。苔むさない石と同様、活発に変化し続ける「5」はいつでもフレッシュ。新しい考え方や発想に刺激される人は少なくないでしょう。交際の範囲が広く、人脈から思いがけない多くのチャンスを得ます。変化を恐れないので、たとえそれがライフワークや生活基盤であっても、思い切った決断を簡単にやってのけます。潔く決断したら、未知の領域を楽しみながら進んでいくでしょう。

弱点 ➡ **じっとしていられない**

自分が前と同じ場所にいる、やっていることが変わらないと思った途端、動き出したくなってしまうのが「5」の困ったところ。マンネリを嫌い、変化し続けるのはよいのですが、落ち着きがなく、飽きっぽいと見られてしまいます。ほかの場所へ動き出す前に、今一度振り返ってみて。まだ知らない領域や、できることがあるかもしれません。

また、頭の回転が速い分、あれこれ考えてしまって、疲れることも多いはず。暴走しがちな思考回路をいったんストップさせ、頭をクールダウンさせましょう。

Number

5

ディスティニー・ナンバー

Destiny Number 5

自ら体験したことを
わかりやすく伝え広める

ディスティニー・ナンバー「５」の人には、豊富な体験や情報を人に伝えるという使命があります。

聞き手にとって「５」は魅力的な表現者。豊富な語彙《ごい》と優れた五感を駆使し、わかりやすいアレンジを加えて説明してくれます。機知に富むので、聞く側に合わせ、例えや説明を補うことが得意。そのため「５」の言葉は、すんなりと聞き手に入ってくるのです。

型破りな「５」がたどってきた道は、山あり谷ありの紆余曲折。苦難の日々もあったはずです。さまざまな変化を経て成長した「５」の経験談は、多くの人たちに勇気を与えるでしょう。

言葉を駆使することが得意ではないと思っている「５」の人は、言葉以外の何か別の発信方法があるのかもしれません。自分の得意な分野から、伝える手段を模索してみましょう。きっと思いが伝わり、受け手の心を動かすことでしょう。

ソウル・ナンバー

Soul Number 5

自由奔放な生き方と
刺激的な冒険を求める

ソウル・ナンバー「５」の人は潜在的な冒険家。安定した生活を送っていても心の奥底では刹那《せつな》的でボヘミアンな暮らしを望んでいます。

現状に退屈し、満たされない思いを抱えているなら、判で押したような日々に違和感を持っているのかも。新しい趣味や旅など思い切った行動やちょっとした冒険が、心を満たしてくれることもあります。

もともと「５」には、直感で物事を判断するところがあります。スムーズにいかないことやネガティブな思考が働いてしまうときには、視覚・聴覚・触覚・味覚・嗅覚の「五感」を使うことを意識してみてください。眠っていた直感力が目を覚ますでしょう。

恋愛相手に恵まれないと思っている人は、潜在的に刺激やスリルを求めているだけなのかも。リスクの多い恋愛はもうたくさんだと思ったら、一人の人とじっくりと付き合ってみましょう。新しい関係を築いていくきっかけになります。

パーソナリティー・ナンバー

Personality Number 5

アクティブで多才
予測不能なチャレンジャー

パーソナリティー・ナンバー「５」の人は、人生に対してアクティブでオープンな、魅力あふれる自由人という印象を与えます。大胆で奔放に見えるので、憧れのまなざしで見られることも。

そんな「５」を、冒険者として称える人もいれば、落ち着きがない、衝動的だと非難する人もいるでしょう。スター性がある一方で、厳しい目を向けられる存在でもある、といえるかもしれません。

また、複数の案件を同時にこなせるマルチタスク能力があるので、要領がいいと思われているでしょう。面倒な課題もあっさりと乗り切るだろうと周りは期待します。期待に沿えないときは、はっきりと意思表示をすることが大切です。

また人によっては、飽きっぽくて忍耐力がないと認識されていることがあります。単純な作業でも適当にすませようとせず、持ち前の器用さでスピーディーにこなせば、一目置かれる存在になるでしょう。

Number

5

バースデー・ナンバー

Birthday Number 5

大胆な発想や行動で常識を打ち破る

バースデー・ナンバー「5」の強みは、失敗を恐れずに立ち向かう、大胆不敵な行動力です。特に努力をするわけでもなく、好奇心だけで突き進んでいけるでしょう。

勝負に出るときがきたら、迷うことなく己を信じて行動して。チャンスを敏感に察知し、成功をつかみ取るでしょう。失敗を恐れず、スピーディーに動くことが、「5」を成功に導くカギとなります。

常識やルールにとらわれないことも、「5」にはプラス。スケジュール通りにいかないときには、ピンときたことを優先して進めるとうまくいく可能性が。柔軟な発想が、困難な道を開いてくれるでしょう。

5日生まれの人………懲りずに挑戦することが強みです。他人には無意味で危険な行動だと思われるかもしれませんが、大事なのは自身が満ち足りた人生だと感じること。自由に羽ばたいていきましょう。

14日生まれの人………挫折や失敗を乗り越えて、自分自身を見つめることが強みでしょう。長期的な努力は苦手なので、短期的に達成できる目標を立てるのがカギ。

23日生まれの人………いつまでも若さを失わないエネルギッシュさが武器。たくさんの経験を通して学んだことを、いくつになっても忘れずに。臨機応変に動き回ることが、人生の助けとなるはずです。

5の強み ➡ 自由、好奇心、多才、活発、変化、冒険心、発展的

5の引き寄せアイテム

Theme Color

ブルー

Stone

ターコイズ、アクアマリン、
ブルーレースアゲート、ラリマー

Item

スーツケース、リュックサック、
パソコン、ガイドブック

Place

テーマパーク、劇場、飛行場、屋上、大自然

Fashion

デニム、ストリート系

AromaOil

ローズマリー、グレープフルーツ

Food

炭酸、ドライフルーツ、冷凍食品、
バタフライピー（チョウマメ）、ブルーハワイ

Number
6

ライフ・パス・ナンバー

Life Path Number

6

無償の愛で
周囲に優しく気を配る

ライフ・パス・ナンバー「６」の人には温かい包容力があります。困っていることはないか、常に目を配り、手を差し伸べようとします。

愛情にあふれ、奉仕の精神に満ちた「６」は、自分よりも、まずほかの人を優先に考える傾向が。誰かの役に立つことで、幸せを感じるタイプでしょう。できるだけみんなの意見を聞きたい、公平に受け入れたいと願います。また、正義感が強いため、不正を許すことができません。そのときばかりは、たとえ家族や目上の人であっても、はっきり意見するでしょう。時間にルーズな人や、ギャンブル気質の人とは意気投合できないかもしれません。

美意識の強い「６」は、整然とした美しさを好みます。清潔感がない、雑然とした状況はとても気になるでしょう。オフィスや家庭内が整っていないと、イライラした気分になりやすいのも特徴です。

恋愛面でも献身的に尽くす「６」。相手を喜ばせようと必死な姿は健気といえますが、重いと思われてしまうことも。アドバイスのつもりが、相手にとっては煙たがられてしまうこともあるでしょう。

「６」には恋愛よりも、結婚のほうが向いています。家族を大切にし、家庭を育むことが、自分の生きがいにつながるからです。ただし、家族を心配して過保護や過干渉にならないよう注意しましょう。

立ち位置 ➡ みんなの先生役

教え導く力と、思いやりのある教育心を持つ「６」は、個々の力を引き出す能力があります。この人のために何かしてあげたい、という気持ちが強いため、アドバイスも上手。面倒見がいいので、優しく根気よく教えてあげることができます。

教えるだけでなく、悩みを聞いて一緒に解決へと向かうことや、一人でできるようになるまでサポートすることもあるでしょう。集団では、みんなが団結できるように尽力するはず。

家族を深く愛する「６」は、幼いころから弟や妹の相手をしたり、勉強を教えるなど、面倒をよく見ます。大人になってからは、自分の家族に尽くし、年老いた両親の面倒を見ることも多いでしょう。

長所 ➡ サービス精神旺盛

人の喜びが自分の幸せになる「６」は、人のためにあれやこれやと細部にまで気を配ります。お母さんのような、世話好きの「６」のそばにいると、安心して癒されると思う人が多くいるでしょう。

奉仕の精神が強い「６」は、地域社会のために時間を使い、貢献することを厭いません。ボランティア活動や地域の役員など、無償の仕事を引き受けることが頻繁にありそうです。責務は大変そうですが、「６」の働きによって人々は安心し、「６」は幸福感を得るという、ウィンウィンの関係が成り立ちます。

弱点 ➡ 余計なお世話

人に喜んでもらうため、助けてあげたいという気持ちから、つい先回りをしてしまう「６」。相手から、今やろうとしていたところだったのに、自分でやりたかったのにと、おせっかいを指摘されることもあるでしょう。よかれと思ってしたことが、相手の成長を妨げてしまっては元も子もありません。非難されたことのダメージも大きいはず。先回りする前に、それが本当に相手にとって必要なことなのかどうか、今一度確かめましょう。また、受け入れられなかった自分の好意に関しては、根に持たずスルーすることが大切です。

Number
6

ディスティニー・ナンバー

Destiny Number 6

持ち前の正義感と献身力で
誰かの役に立つことが使命

ディスティニー・ナンバー「６」の使命は、助言やサポートによって、周囲や社会に対し大いに貢献することです。困っている人には手を差し伸べ、人が嫌がるような仕事も買って出ることがあります。

周りの人たちの幸せを望むあまり、自分のことが二の次になってしまうこともあるでしょう。困っている人に共感して、何かを頼まれると嫌とは言えず、さまざまな義務と責任を一人で背負い込んでしまう傾向も。頑張りすぎて爆発するのを防ぐためには、自分のキャパシティーを知っておくことが大切です。

バランスと調和をとることも「６」の役割。みんなが快適に過ごせるよう、人間関係の調整を図り、優れた観察力で個々の特徴を捉え、うまくまとめていきます。人と関わり助けることをライフワークにすれば、自分自身も充実した毎日が過ごせるでしょう。

ソウル・ナンバー

Soul Number 6

あふれる愛を捧げ
愛を感じていたい

ソウル・ナンバー「６」の人は、愛情を注ぐ対象を、心の奥底で求めています。母性本能のような愛情が、周りの人たちを守りたい、面倒を見たいと要求するのです。「６」にとっては友人や親しい仲間も家族の一員。愛情を注げる人が増えれば、心が安定するでしょう。
「６」が愛情を与えたいと望む理由には、愛情を受けたいという逆の本能も感じられます。自分は愛されているのだろうか、愛されていないのではないかという不安が、心の中にあるのかもしれません。そのため、愛情を持ってしてあげたことや、言ったことを拒絶されると、激しく傷ついてしまいます。そんなときは、「６」が大好きな美しいものやアートに触れて、心を落ち着かせましょう。

完璧を目指す傾向のある「６」は、気づかぬうちにパートナーや家族にも完璧を求めるところがあります。緊迫した空気が流れてきたら、相手に負担がかかっている証拠。お互いのためにも、少し距離をとるなど工夫をしましょう。

パーソナリティー・ナンバー

Personality Number 6

面倒見がよく
いつも助けてくれる人

パーソナリティー・ナンバー「６」の人は、周りから頼りになる理解者として見られています。あるときは親のように守ってくれ、あるときは教師のように助言をしてくれる。助けを求めれば、すぐに駆けつけてそばにいてくれる。そんな大切な存在です。

聞き上手な「６」のところへは、相談事がたくさん舞い込んでくるかもしれません。とはいえ、親身になって話を聞くことがあまり得意ではない人もいるでしょう。自分のことで手一杯なときには、無理しなくても大丈夫。聞いてあげるだけでも、相手は気が休まります。

温かくて頼れる雰囲気を持つ「６」に、つい甘えてしまう人も。それは、ちょっとした雑事は全部任せて大丈夫、この人なら言わなくてもやってくれる、などと思われているからです。悪気があるわけではないことを納得した上で、できないことは断ったり、分担するべきところはそれを提案してあげたりすると、うまくいくでしょう。

Number
6

バースデー・ナンバー
Birthday Number 6

抜群のバランス感覚で周りを整えていく力

バースデー・ナンバー「6」の強みは、散らかった場の調整をするバランス力です。集団の中では、個人個人の足りない部分や余計な部分を見抜き、補い合うようにまとめていきます。できるだけ多くの人の望みを叶えようと努力するでしょう。正義を貫くことが信条ですが、ときには妥協も必要だと柔軟に考えます。

人の意見を聞いて方向性を導き出すのもバランス力のなせるワザ。うまく空気を読み、バラバラだった話し合いもスムーズに運びます。そんな「6」のさりげない能力に、周りもきっと感心するはずです。

6日生まれの人………家族や仲間を何よりも大事にする人です。細かいところまで気を配って、自己の責任を果たそうとします。自分なりの愛と正義を重んじ、成すべきことをやり遂げるでしょう。
15日生まれの人………プライベートと仕事をどちらも大切にし、両立していけるところが強みです。社会的な立場においては、奉仕するだけでなく、ギブ・アンド・テイクで手に入れるでしょう。
24日生まれの人………お金の運用や管理が強みに。家族全体の繁栄を願っているので、家族経営の仕事で財を成すかもしれません。人の役に立っていないと感じると、不安になる可能性が。地域活動やボランティア活動に参加してみるのもよいでしょう。

6の強み ➡ 母性的な愛情、親切心、育成力、バランス力、配慮、責任感、正義感

6の引き寄せアイテム

Theme Color
ピンク

Stone
ローズクォーツ、モルガナイト、ロードナイト、
クンツァイト

Item
ハンドメイド品、キッチン用品、美容グッズ

Place
学校、図書館、クリニック、
ドラッグストア、キッチン

Fashion
キレカジ系

AromaOil
ローズ、ゼラニウム

Food
いちご、さくらんぼ、りんご、もも、
エディブルフラワー（食用花）、焼き菓子

Number
7

ライフ・パス・ナンバー
Life Path Number 7

ひとつのことを一人静かに探究する

ライフ・パス・ナンバー「７」の人は、物事をよく観察し、深く追究していくスペシャリスト。研究や分析など、専門的な知識を深めていきますが、人生の真髄を探し求めたり、スピリチュアルな思索にふけることもあります。

一人で思索に没頭するため、口数は少なめ。一緒に話しているときに突然黙ってしまい、怒らせた？　と相手に思われることもあるでしょう。しかしそれは、うわさ話や流行ネタだと、知らなくて返答できないだけだったりするので、自分が興味のある話題に変われば、話し始めて止まらなくなることもあります。

理論的な思考力と、スピリチュアルな直観力の、両方を併せ持つ「７」は、感じたことをわかりやすく言葉に書いてまとめることが得意です。また、思考と直感、どちらからも物事を見ることができるので、より深く多様性のある発見ができるでしょう。

何事にも理想が高い「７」は、恋愛や結婚の相手にも高水準の人を求めます。一人の時間を大切にしたいので、一定の距離を置いた関係を望むかもしれません。自分の気持ちを素直に表すことが得意ではない「７」のパートナーには、言わずとも気持ちを察してくれて、受け取るよりも与えるタイプの人が理想的です。

立ち位置 ➡ 少し離れたスタンス

知的好奇心が強く、物静かな「7」は、賑やかな場所よりも、思索に没頭できる環境が好き。自然と群れから離れ、気がつくと一人になっていることがあります。

人嫌いというわけではないので、何かを発見したり、データの解析が完了すると、みんなのいる場所に戻り、成果を発表することも。その結果に周囲は驚かされることもあるでしょう。

孤高の人に見えて、意外と寂しがりやの一面もある「7」。一人になる時間や空間は欲しいけれど、ずっと独りぼっちは嫌。周りから見れば、あまのじゃくな面倒くさい人ですが、付き合いを重ねるうちに、内なる情熱と人情に触れるようになります。

長所 ➡ 探究心

「7」は、知りたいと思ったら、一心不乱に研究や実験を進めていきます。とことんまで掘り下げ、知識を身につけますが、そこで終わるのではなく、さらに先を学びたくなるタイプ。いずれ何かのスペシャリストになる可能性を秘めています。

諦めずに、粘り強く観察や考察を続けることで、忍耐力がつくでしょう。リサーチや分析の能力もアップ。素早い状況判断ができることから、周りの評価も高くなります。しかし「7」としては、称賛されたり利益になったりすることよりも、自分の探究心に満足感が得られることで、幸せを感じます。

短所 ➡ 疑い深いところ

自分の目で見て考え、答えを出すのが当たり前だと思っている「7」の人は、どんな情報でも額面通りには受け取らず、まずは疑ってかかります。人に対しても同様の傾向があります。

用心深いことはよいのですが、猜疑心が強すぎると、周りを困惑させてしまうかもしれません。あからさまな態度は避け、まずはポーカーフェイスで乗り切りましょう。持ち前の観察力で、徐々に確信を得ていけば、気まずい思いもしなくてすむはずです。

Number
7

ディスティニー・ナンバー

Destiny Number 7

エキスパートとなって
人や社会に貢献する

ディスティニー・ナンバー「7」の人は、専門知識を深め、その道のプロフェッショナル、エキスパートになることで、世の中に多大な貢献をします。

「7」が追究していくテーマは、人生でひとつか、多くてもふたつ。きっかけは、失敗や絶望、怒りからもたらされることもあります。どうしてこんなことになったのか、何が原因なのかを、深く理解しようとすることから一歩を踏み出す可能性が。

身の回りのちょっとしたことから、世界規模の問題まで、どの分野に取り組むかはわかりませんが、極めたことが役に立ち、周囲に影響を与えるはずです。

「7」は質の高いものを好む、目利きでもあります。まがいものや低品質のものを見抜き、排除していくでしょう。「7」のこだわりには、真実を見抜く力が備わっています。

ソウル・ナンバー

Soul Number 7

静かな場所で
思索に没頭したい

ソウル・ナンバー「7」の人は、より深い知識を欲しています。もっと理解したい、知りたいという気持ちが心の奥底で渦巻いて、突き動かされることがあるでしょう。

考えにふけるために、口数が減り、一人になる状況がよくあります。そのため周囲からは、近寄りがたい雰囲気を醸し出しているように見られるかもしれません。よそよそしくてとっつきにくいと思われているとしたら、それは、じっくり考える時間と場所を必要としているからであり、「7」にとって不可欠なことなのです。

恋愛においてもクールな姿勢の「7」。相手のことを深く知りたい一方、べったりとした関係は好まず、一定の距離を置きがちに。ただし、見た目と違って、内面では情熱を燃やしていることもあります。

本音をなかなか出さず、相手に対して正直になれないのが「7」のやっかいなところです。たまには、素直な気持ちで甘えてみましょう。

パーソナリティー・ナンバー

Personality Number 7

近寄りがたい
クールな一匹狼

パーソナリティー・ナンバー「7」は、知的でクール、物静かな印象から、孤高の人だと思われています。また、洗練された雰囲気がどこかセレブっぽいと思われることもあり、話しかけるのを躊躇されることも。鋭いことを言って驚かせたり、ズバッと切り込んだりすることもある「7」は、洞察力のある神秘的な人だと周囲から一目置かれているでしょう。

まじめで勤勉なところから、完璧主義のイメージを持たれるかもしれません。さらに、疑い深い、神経質といった、どこか気難しいイメージもあり、なかなか近寄りがたい存在です。

一人でいたい場合はそれでOKなのですが、そうでないときは、自ら壁を作らないように気をつけましょう。無理をしてフレンドリーに振る舞う必要はありませんが、心のシャッターを少し上げて、ニコッとするだけで、印象はかなり違うはずです。

Number
7

バースデー・ナンバー
Birthday Number 7

洞察力と専門性が
人生を開花させる

バースデー・ナンバー「７」の武器は、洞察力と探究心から得られるプロフェッショナルな専門性。このことにかけては、この人の右に出る者はいない、というオンリーワンを持つことは、「７」の人生にとって、最大の強みです。

真実を見抜く洞察力と、本質を見極める観察力、さらに粘り強さが加わることによって、「７」は地道に一歩一歩進んでいきます。大成するのは人生半ばから後半かもしれませんが、専門的な知識は、生涯の宝となるはずです。

7日生まれの人………他人の言葉よりも、自分の直感を信じて決断しましょう。ひとつのことに集中することで、チャンスが巡ってきます。積極的に動くよりも、機会を待つほうが得策です。
16日生まれの人………風変わりな趣味や友人を持つか、自身が変わった人になりそう。人とは違う自分を受け入れ、エキセントリックな人生を楽しみましょう。自然の中で、深く思索にふける一人の時間を大切にして。
25日生まれの人………優れたインスピレーションによって、人生が左右されるかもしれません。仕事はスローペースなほうなので、できるだけ先送りにしないようにしましょう。

7の強み ➡ 探究心、洞察力、分析力、集中力、研究心、専門性、スピリチュアリティー（精神性）

7の引き寄せアイテム

Theme Color

ネイビー

Stone

ラピスラズリ、アイオライト

Item

鍵のかかるもの、小説、辞書、
愛用しているもの

Place

隠れ家、遺跡、研究室、ミュージアム、
一人になれる場所、果樹園

Fashion

モノトーン系

AromaOil

パチュリー、イランイラン

Food

煮込み料理、ワイン、ざくろ、ぶどう、
いちじく、ジャム

Number
8

ライフ・パス・ナンバー

Life Path Number

8

強い精神力を持つ野心的な成功者

ライフ・パス・ナンバー「8」の人は、強靭なパワーと実現力でもって、物事を仕切り、成功へと導きます。仕事に目標を定めたときの「8」は、特にエネルギッシュで活動的。判断力に優れる、人を動かす能力がある、野心的、といった、ビジネスで成功するのに欠かせない要素に恵まれているのです。

あいまいさを嫌い、白黒はっきりさせることを好む「8」。問題解決においても、単刀直入です。スパッと率直に処理するでしょう。率直さは物言いにも反映され、わかりやすく簡潔です。しかし、いささか端的すぎて、上から目線に感じられることがあります。周囲の人に対し、威圧的にならないよう、注意が必要です。

「8」の人は、恋愛にもフルパワー。意中の人が見つかれば、猛アタックしていきます。勝ちたい、突破したい、という願望が強いので、略奪愛や障害のある関係に燃える人も。意中の人を手に入れたあとは、相手のすべてを手中に収めたいとの思いから、嫉妬深くなることもありそうです。

結婚後の「8」は、常に相手をコントロール下に置きたがるでしょう。お互いに主張が強い者同士なら、主導権争いが起きないよう気をつけてください。

立ち位置 ➡ **タフなボス**

人材を適材適所に差配する能力がある「８」は、マンパワーで効率よく仕事をこなす仕切り屋。他者の性格を一瞬で見抜く能力に恵まれ、人物を客観的に評価します。

自分でも止められないパワフルな実行力で、難局を乗り切り目的を達成するでしょう。「この人ならできる」と見込んだ人には、自分と同じ結果を求める傾向も。それが無理難題だとしても、「８」には高い統率力がありますから、不可能を可能にさせてしまうこともあるでしょう。他人の能力をも向上させる指導力が備わっています。

長所 ➡ **減退しないパワー**

仕事に遊びに恋愛に、いつもパワフルな「８」は、いつどこで充電しているのだろうかと不思議に思えるほど。動くことによって、さらに力を蓄えているようです。「８」にとっては、止まらないことがエネルギーの持続化につながるのでしょう。

常に力を維持することは、無限の可能性を秘めています。何事も諦めない力、周りを率いる力、積極的に取り組む力を限りなく発揮できるからです。

全力で高みを目指す「８」は、身に着けるものや購入するものにも、高級品を選びます。人よりも高価なものを手に入れるため、よい暮らしをするために、がむしゃらに働きます。

弱点 ➡ **高圧的なところ**

「８」の圧倒的な強さは、周囲からすると支配的で、高圧的だと感じることがあります。何かに夢中になると、人に厳しくなったり、目的達成のため、強引になったりすることがあるからです。

人に何かを頼むとき、やって当たり前だという態度や、ぶっきらぼうな態度をとっていませんか？　自分ではお願いしているつもりでも、相手は命令と受け取るかもしれません。「もし、自分がこんなふうに言われたら、どう感じるだろう」などと、想像力を働かせてから発言するようにしましょう。

Number
8

ディスティニー・ナンバー

Destiny Number 8

絶大な経営手腕で
富と成功をもたらす

ディスティニー・ナンバー「8」の人は、権力のある立場につく可能性が高く、その権力を行使する使命があります。

「8」はお金とビジネスに縁のあることが多い数。個々の特性を見抜く能力があるので、人を管理する立場でその能力を発揮できます。「8」が高みを目指せば目指すほど業績は上がり、必然的に利益をもたらすことになるでしょう。

負けず嫌いで自信家の「8」がその気になれば、権力を得るのは難しいことではありません。トップに立ったあとは、大胆な戦略や冷静な問題処理能力で活躍しそうです。

太っ腹でプライドの高い「8」は、高級品を身に着け、華やかな生活を送るための出費を惜しみません。お金を稼ぐことにも使うことにも精力的になり、富を循環させていくでしょう。

ソウル・ナンバー

Soul Number 8

人の上に立つ
強くタフな人間になりたい

ソウル・ナンバー「8」の人は、パワーや強さを心が求めているといえます。どんな障害物にも自ら立ち向かうような、強い自分になって輝きたい、と願っているのです。

人から指示を出されるのが苦手、素直に従えないという人は、人の上に立って、自分が統率したいと思っているのかもしれません。コントロールされるよりも、コントロールする側になりたいと、無意識に望んでいるのでしょう。

強さと弱さは紙一重です。自分の弱い部分に気づける人こそ強いといえますし、強くなるには挫折や失敗の経験も必要に。目標を高く掲げるのはよいことなので、焦らず達成へ向けて努力しましょう。

「8」の恋愛は、とにかく積極的なアピールから始まります。自分に自信を持って、存在を示しましょう。恋愛相手に対しても結婚相手に対しても、支配したがる傾向があります。過度な執着は避け、お互いにリラックスした関係を築いたほうが長続きしそうです。

パーソナリティー・ナンバー

Personality Number 8

いとも簡単に大事を成し遂げる人

パーソナリティー・ナンバー「8」の人は、自信があり、野心もあって頼れる人と周りから思われています。

働く姿はいつもパワフルで有能。ほかの人が「できない」と思うことでも、難なくやってのけてしまう人という印象です。有能さをアピールすることが得意で、仕事熱心に見える「8」を信頼し、ついていく人も多いはずです。いつも高級品を身に着けている印象もあります。それほど高価でなくてもリッチで、まるでブランドもののように見えることもあるでしょう。

そんなつもりはなくても、はっきりした言い方と態度が、威圧的になりがちなときも。特にカッとなるとストレートに怒るため、怖がられることがあるかもしれません。雰囲気をピシッと緊張感を持たせたいときなどはよいのですが、状況によっては、高圧的で不愛想な印象にならないよう、周りへの配慮が必要です。

Number
8

バースデー・ナンバー

Birthday Number 8

情熱と自信で
イニシアティブを発揮

バースデー・ナンバー「８」の人は、その情熱が人生の助けとなります。上昇志向の強い「８」は、あふれる情熱と揺るぎない自信で、自分を高みへと押し上げるでしょう。重要なポジションで働くときは、統率力と先導力が強みに。その強みが、熱心に周りを突き動かすはずです。支持されると、よりモチベーションがアップするので、仲間が多いほど、強みやイニシアティブを発揮できるかもしれません。

まだその真価が発揮されていない人は、まずはその強みをしっかり意識すること。自分の武器になると、強く信じることが大切です。

8日生まれの人………成功したいという野心が強く、懸命な努力を惜しまないでしょう。そのため昇進が早く、わりとすぐに上の立場になる可能性も。自ら経営者として成功するかもしれません。

17日生まれの人………正しい判断力を持ち、非常に強いパワーを秘めています。単に組織のトップになるのではなく、業界のトップにまで上り詰める可能性も。何か専門分野があれば、その道のプロフェッショナルになるでしょう。

26日生まれの人………「8」の中ではマイルドなほうで、調和を大事にします。志や目標があれば、誰かに助けてもらいながら達成するでしょう。家庭内の仕事にやりがいを見出すかもしれません。

8の強み ➡ パワー、タフ、野心的、決断力、実行力、主導力、実現力

8の引き寄せアイテム

Theme Color

オレンジ、ブラウン

Stone

カーネリアン、サンストーン、
スモーキークォーツ、タイガーアイ

Item

宝石、ブランドもの、時計

Place

高層ビル、複合商業施設、大型施設、
大学、宮殿、城郭

Fashion

スーツ、ドレス、トラッド系

AromaOil

オレンジ、パイン、ティーツリー

Food

高級食材、お米、日本酒、焼き肉、
オレンジ色の食材、茶色の食材

Number
9

ライフ・パス・ナンバー

Life Path Number

9

すべてを受け入れ包み込む寛大な愛

ライフ・パス・ナンバー「9」は、1から8までの数をすべて内に宿すとされ、1桁に還元したときの、最後の数になります。そのため、人に共感する力が強く、何事にも達観しており、落ち着きがあります。共感力と優しさから他者を理解できるため、許容範囲が広く、愛にあふれた人が多いでしょう。

マイペースで自然体なのが魅力ですが、感受性の強いところがあります。日常においても、ちょっとしたことで感動したり、逆に、急に不安を覚えたりと、感情の振り幅が大きいのも「9」の特徴です。人の気持ちを感受しすぎることで、辛く感じることもありますが、経験値が増すほど乗り越えやすくなるでしょう。

「9」の恋愛は基本的に受け身です。自分から積極的に動くことは少ないはず。どんな人でも受け入れることができるので、アプローチしてくる人が多ければ、「恋多き人」と称されることがあるかもしれません。付き合う相手のタイプに合わせて、別人のように自分を変えることができます。

寛容な「9」の結婚生活は、穏やかで愛情豊かなものになるでしょう。ただ外での付き合いを断ることができず、八方美人になると、家族に負担をかけることになるので注意が必要です。

立ち位置 ➡ 変幻自在

共感・共鳴することによって、容易に周囲の人に同化していく「9」。相手に同調し、気持ちを理解してあげられるため、相談相手や話し相手として、そばにいて欲しいと誰にも思わせる存在でしょう。
「9」は否定したり拒否したりすることがあまりないので、周囲には安心して話せる人だと認識されています。「9」に話を聞いてもらうと癒されるし、お願いすればたいてい聞き入れてもらえるため、「9」への要求がどんどん増えることもあるでしょう。

社交の範囲を広げすぎると、苦しい状況になりかねないので、注意が必要です。

長所 ➡ 許す寛容さ

「9」の人には、ほかの人ならとうてい受け入れられないようなことでも、笑顔で許容してしまう、懐の広いところがあります。同じように、クセが強くて周りから浮いている人とも気軽に話せたり、仲間に入れてあげたりするのも、「9」の優しいところです。その寛容さは周囲の人たちに影響を与え、和やかな雰囲気を作り出すでしょう。

ただ、どうしても許せない、と思うことがあるのは人として当然なのですが、「9」はそれを自分のせいだと思ってしまいがち。許せないことがある自分を許せるようになると、かなり気持ちがラクになるはずです。

弱点 ➡ 優柔不断

周囲に同調するあまり、自分自身が見えなくなりがちな「9」。喜びと悲しみの振れ幅も大きいため、なかなか物事の決断をできないことが「9」にはあります。その結果、他者からは、あいまいで優柔不断と評価されるかもしれません。

考えることや責任から「9」が逃げてしまう傾向にあるのも、決断力の乏しいところにあります。なにも完璧である必要はなく、そのときに最善と思える決定ができれば、十分に前進する原動力となることを、心に留めておきましょう。

Number

9

ディスティニー・ナンバー

Destiny Number 9

強い感受性と親近感で周囲を癒す

ディスティニー・ナンバー「9」の使命は、高い共感力で相手を癒すことです。思いやりの気持ちによって「9」に癒された人たちが、周囲へ優しさを伝播《でんぱ》していくと、社会全体が少しずつ癒される、そんな波及効果もあるでしょう。

「9」には人の気持ちを敏感にキャッチする、シックスセンス（第六感）的な直感があります。相手の気持ちを汲み取り、居心地が悪くならないように対処し、場を和ませてくれるでしょう。また、全体を俯《ふ》瞰《かん》する力もあるので、場をまとめ、良好な関係を維持できるように動くことができます。

周囲の人々や社会を癒すことが得意でも、自分自身を癒すことは苦手かもしれません。他人の辛さに同調しすぎて落ち込んだり、自分を見失いそうになって焦ったりしたときには、一人になって、身の回りの小さな自然や芸術を愛《め》で、ストレス解消を心がけましょう。

ソウル・ナンバー

Soul Number 9

スケールの大きな慈愛で精神的な高みを目指す

ソウル・ナンバー「9」の魂は、すべてを寛大に受け入れて許したいという、とてもスケールが大きく、ドラマティックな理想を持っています。物欲や出世などに関心がない場合、精神が成長することを、魂が望んでいるのかもしれません。
「９」の人には、決めることが苦手な優柔不断タイプが多いようです。それは、この決断によって、もう一方の可能性が失われてしまうと思うと、すべてを受け入れたい「９」にとっては心苦しいから。なぜできないのだろう、と自己嫌悪に陥るのではなく、こんな理由があることを理解して、自分自身をも受け入れてください。
周りに同調して自分を出さない「９」は、恋愛などの場面において、本心を問いただされるのが苦痛。交際相手や結婚相手に「本当はどう思っているの？」と聞かれると、動揺してしまうでしょう。本来の自分を隠すことなく、本音を言える関係になると、より絆が深まります。

パーソナリティー・ナンバー

Personality Number 9

多種多様な面を持つ
オールマイティーな人

パーソナリティー・ナンバー「９」の人は、隣にいる人によって変化する、多くの側面を持つ人物だと思われているかもしれません。人に共感して同調していく「９」は、そばにいると居心地よくて、離れて見ていると捉えどころがないように見える可能性が。
オープンで誰とでも仲よくできる「９」を八方美人と称する人がいます。夢見がちな人、という印象もあるでしょう。それは寛大な心で、どんな人でも受け入れる特性と、ちょっとしたことにも感動する繊細な神経を持つイメージが、そう思わせてしまうのです。
ときに「９」は、逃避傾向があるとみなされることも。決断することから逃げたり、目の前の責任から逃れようとしたり、ルーズな一面が現れてしまうのでしょう。しかし、すべてを受け入れるのは困難です。たまに消極的になるのは仕方のないこと。「９」にも、ある程度の息抜きは必要ですから、あまり気にしないようにしましょう。

Number

9

バースデー・ナンバー

Birthday Number 9

人の話を批判せずに受け止め 愛に還元できる力

バースデー・ナンバー「9」の強みは、どんな人でも受け入れ、愛情を注げるところです。相手の気持ちに丸ごと共感できる「9」は、「この人ならわかってくれる」と、相手に安心と信頼を与え、強い人間関係を築くことができます。

批判をせずに受け入れるには、寛容になれる知性と包容力が必要です。「9」は達観した理性と思いやりの精神が備わっているので、賢く立ち回ることができるでしょう。人の気持ちがわかることで、人の言動や行動を予期し、先回りすることもできます。この先読みする力も「9」にとって、人生の強みになるでしょう。

9日生まれの人……… 広い世界を探究し、多くの人々を癒す可能性があります。好奇心と奉仕の精神に満ちているので、幅広い範囲で活躍し、人の助けとなるでしょう。

18日生まれの人……… 素晴らしく前向きで強い力に恵まれています。大きな目標を実行し、達成する可能性が高いでしょう。困難にぶつかっても、諦めずに邁進《まいしん》しましょう。

27日生まれの人……… 秀でた観察力によって、人の役に立つことができます。何を成すべきか決めるのには、時間がかかるかもしれません。理想を高く持ち続けることが、成功の秘訣です。

9の強み ➡ 共感力、理解力、柔軟性、思いやり、癒し、寛大さ、奉仕力

9の引き寄せアイテム

Theme Color
パープル

Stone
アメシスト、スギライト、チャロアイト

Item
生花、やわらかいもの、ぬいぐるみ、
オイル、楽器

Place
湖、噴水のある場所、公園、教会、
サロン、大学病院

Fashion
キレイめ系

AromaOil
ラベンダー、プチグレン

Food
魚料理、みずみずしいもの、
果実酒、紫色の食材

Number

11

ライフ・パス・ナンバー

Life Path Number

11

研ぎ澄まされた感覚と直感の持ち主

「11」をライフ・パス・ナンバーに持つ人は、感度の高い受信力と鋭い直感力を備えています。「11」はこの優れた感受性でさまざまな情報をキャッチし、直感によって動く人が多いようです。

「11」は「1」の男性性と「2」の女性性を、どちらも兼ね備えているといわれています。相反するタイプの混在を、ややこしく感じることもありますが、状況に合わせた使い分けができれば、内なる葛藤が少なくなるでしょう。

理論や理屈を好まない「11」は、感覚で物事を捉える傾向にあります。キャッチした情報を人々に伝える手段として、芸術や音楽など、抽象的な表現を得意とする人もいるでしょう。

「11」には、共時性（シンクロニシティー）と思える現象がしばしば起こります。偶然とは思えない不思議なこと、意味のある一致。それは単なる偶然の一致ともいえますが、「11」に限っては、自身の感受性が導いている可能性も高いでしょう。

直感でこの人だ、と思ったら、一直線にアプローチしていくのが、「11」の恋愛です。好きになるのに、時間も理由も必要ありません。熱くなりすぎたり、のめり込んでしまうこともありそう。結婚後は、精神的な結びつきでお互いを高め合う関係が理想的です。

立ち位置 ➡ **現実とスピリチュアルの間**

まるで、精神世界と現実世界を行ったり来たりしているような、インスピレーションを持つ「11」。スピリチュアルな啓示を人々に伝え、ふたつの世界をつなぐ存在です。

ただし、伝える言語能力によって、その立ち位置は微妙に変化します。的確に伝わって人々に感銘を与えることもあれば、感覚的すぎて意味がわからず、人々を困惑させることもあるでしょう。しかしその場合でも、「11」が持つ独特の感性によって、最終的には人々を納得させる結果となることが多いはずです。

長所 ➡ **直感による理解**

「11」には、物事を直感で理解してしまう能力があります。そのため、努力することとは関係なく、教わったことがすぐにできてしまう人も。自分では気づかないうちに、スキルが磨かれているということもあるでしょう。努力しているのになかなか報われない人からすれば、とてもラッキーな資質といえるかもしれません。

また、知らず知らずのうちに「11」は危険を察知し、回避していることがあります。同様に、人生における選択の場面で、結果的に正しいほうを選んでいることも。「11」の持つ優れた直感が、本人の意思や認識とは関係なく働いているのです。

弱点 ➡ **過敏なところ**

周りの人々の発する、わずかなサインも受信してしまう「11」は、大勢の人の中にいると疲労困憊《こんぱい》することがあります。一人の相手と対《たい》峙《じ》しているときでも、相手から多大なエネルギーを向けられれば、受け取って疲弊してしまうでしょう。感受性の高い「11」ならではの、辛いところです。

理由は不明だけれど、なぜだかひどく消耗していると感じるときは、他人のエネルギーをキャッチしすぎて疲れているのかもしれません。誰もいない空間やお気に入りの場所にしばらくいると、気が抜けてリフレッシュできます。定期的に散歩をするなどしましょう。

Number
11

ディスティニー・ナンバー

Destiny Number 11

周囲にも影響を与える
ひらめきと芸術的なセンス

ディスティニー・ナンバー「11」の使命は、スピリチュアルなひらめきによって得た感覚を、人々に伝えることです。個性的で独創性のある「11」には、抽象的な分野での表現に向いています。

人を引きつける独特な芸術的センスを持つため、仕事に生かすことができれば、得意分野である感覚的思考を存分に発揮し、やりがいを感じることができるでしょう。「11」の場合、はっきりと説明をつけるよりも、ぼんやりとした感覚で捉えたほうが、伝わりやすいことも多いはず。

もともと使命感の強い「11」は、内に秘めるエネルギーを世の中のために発信できれば本望です。インスピレーションで得た何かのしるしなど、「11」にしか気づけないような些細なことを、積極的に伝えることで、周囲に影響を与えるでしょう。

ソウル・ナンバー

Soul Number 11

理屈ではなく
フィーリングで生きる

ソウル・ナンバー「11」の人は潜在意識の中で、自分の感覚に従って行動したいと望んでいます。感性のまま生きることに、のびのびとした自由を感じることができるのかもしれません。

ときとして「11」は、現実のものとして見ることよりも、心の目で見た事象に心を奪われることがあるでしょう。自分の直感を信じて、その場の雰囲気であったり、なんとなく思ったことを優先していくと、思いがけずよい方向に進んでいくことがあります。

「11」の魂には、何か役に立つことをしなければ、という焦燥にも似た使命感があります。そのため興奮したり、落胆したりと、感情の浮き沈みが激しい傾向が。自分が遂行すべきことが何かを見極めるまでには、多少時間がかかるかもしれません。これだ、と思う瞬間がくるまで、焦らずのんびりと待ちましょう。

恋愛においては、パートナーに多くを望みすぎないことが必要です。「11」独自の感覚を汲み取れる相手はそれほど多くありません。また、心を読み取りすぎると、相手の負担になるので注意しましょう。

パーソナリティー・ナンバー

Personality Number 11

捉えどころのない 不思議な感性の持ち主

パーソナル・ナンバー「11」の人は、繊細で優しそうな雰囲気を漂わせているけれども、一種独特な感性の持ち主だ、と周りから見られていることがあります。

例えば「11」の人と話していると、聞いてくれているようだけれども、伝わっているのか伝わっていないのか判然としないことが、ときどきあるようです。見た感じとは裏腹に、完璧に理解していることもあれば、まったく違う解釈をしていて驚くこともあります。でも、そんな意外性が、「11」の魅力のひとつです。

特別なことはしていないのに、なんとなく目立ってしまう「11」は、広範囲ではないけれども仲間内では有名な存在。本人は意図していなくても、いつもどこかで注目されています。そのスピリチュアルで謎めいた発言に、引き寄せられる人が多いのでしょう。

Number
11

バースデー・ナンバー
Birthday Number 11

強いインスピレーションが
幸運をもたらす

バースデー・ナンバー「11」の人は、幸運を招くインスピレーションが人生の強みとなるでしょう。
「11」が何かを感じ取ったとき、導かれるままに進むと、よい方向に向かうことがあります。また、自分としては不本意な結果であっても、あとで思い返せば幸運であったり、結果オーライであることが多いはずです。特に意識することなく、自然体でいることで、本来の自分の強みを引き出せるでしょう。

また、画一的なコミュニケーションを求める人とうまく噛み合わないときこそ、「11」の武器を発揮するチャンス。常識にとらわれず、自らの直感を声にして伝えてみましょう。思いがけない助言を与えることができるかもしれません。外側から聞こえてくる声よりも、内側から聞こえてくるメッセージをしっかりキャッチしてください。

11日生まれの人……現実の統計や実績に翻弄されるよりも、自分の直感が強く示すところを目指しましょう。「11」の武器である直感力を駆使すれば、自ずと道が開けてきます。
29日生まれの人……周りの人々の意見を尊重しつつ、何か感じるところがあれば、その感性を取り入れていきましょう。誰かをサポートしたいと思ったら、全面的に協力するべきです。

11の強み ➡ 直感力、使命感、共時性（シンクロニシティー）、
感じ取る力、伝える力、察する力、見つける力

11の引き寄せアイテム

Theme Color

シルバー

Stone

ラブラドライト、ヘマタイト、ペリステライト

Item

アクセサリー、カード類、自分の好きなもの、
バスソルト、ソルトランプ

Place

神社仏閣、自然の多い場所、美術館、
自分がピンとくる場所

Fashion

マリン系

AromaOil

フランキンセンス、ネロリ

Food

スパークリングワイン、塩、豆類、
エビ・カニなどの甲殻類

Number
22

ライフ・パス・ナンバー

Life Path Number

22

高い理想を持ち 実現させるパワー

ライフ・パス・ナンバー「22」の人には、理想を現実にする力、不可能を可能にする能力があります。周りから見れば実現が難しいような高い理想を掲げ、困難を乗り越えながらも、目標を達成していくでしょう。

「22」の人には、「22」を1桁にした「4」の有能さや忍耐力に加えて、スピリチュアルな精神性をも併せ持つといわれています。そのため、現実的に達成可能な目標を掲げるよりも、直観によってさらに壮大な目標のビジョンを描くことが可能です。そして、意志の強さで目標に立ち向かっていくでしょう。

視野の広い「22」は、グローバルなさまざまな価値観を理解する力があります。公平さを求めて尽力したり、誰も考えつかなかった視点から問題を解決したりすることがあるでしょう。社会的弱者に寄り添い、プロジェクトを立ち上げることもありそうです。

「22」の恋愛はまじめで誠実な面と、直観的で大胆な面とのふたつの側面があります。現実的である一方、ロマンチストでもあります。自分でもどちらが本当なのか、困惑するかもしれませんが、その二面性こそが「22」の持ち味といえます。恋愛相手から見ても、予測できない「22」の多様性の魅力を感じるでしょう。

立ち位置 ➡ ワールドワイド

「22」は自分のことだけではなく、周りにいる大切な人たちのことも常に考え、支えようとします。周囲の人も、そんな「22」を頼もしく思い、何かと頼りにしています。

グローバルな視点を持つ「22」が気にかけているのは、とても広範囲な世界です。近くにいる人たちを大事にし、守っていきながらも、遠い地域での困難な状況や、不安な要素に目を向けて、憂慮していることがあります。

パワフルな「22」は気になることがあると、あれもこれも解決したいと思いがち。ですが、すべてを一人で背負い込むのは無理があります。サポート役を見つけ、可能な範囲を模索しましょう。

長所 ➡ 強固な意志

崇高な夢や理想を持つ「22」には、その夢を実現するための、強い意志の力があります。周りからは、実現不可能だ、夢のような話だと評されても、自分の理想に向けてコツコツと、そしてエネルギッシュに達成していくはずです。

問題が発生したり、困難な状況に置かれたりしても、持ち前の努力と、ときに強運によって乗り越え、意志を貫きます。周囲の人たちは、「22」の掲げる壮大なビジョンに驚かされますが、その後の諦めない執念と、実現に向けた前進力にも驚かされるでしょう。

弱点 ➡ 頑固さ

高い理想に執着するあまり、融通の利かない頑固さが「22」の弱点として表に現れることがあります。

スケールの大きな目標を達成するには、障害にぶつかることがたびたびあるでしょう。そんなとき意固地になってしまうと、乗り越えることが難しくなります。人間関係に差し障りが起き、任務遂行の妨げにもなりかねません。

ときには頭を柔軟にして、周囲の意見を参考にしてみましょう。思いがけない解決法や、方向性が見えてくるはずです。

Number
22

ディスティニー・ナンバー

Destiny Number 22

目指すのは
平等で幸せな世界

ディスティニー・ナンバー「22」の使命は、人々が等しく幸福な世の中を作ることです。

あまりにも壮大で、現実離れしているように思えるかもしれませんが、「22」は大きな社会的役割を担うマスター・ナンバーです。まずは身近なところから始め、具体的なビジョンを組み立てていきましょう。完璧な社会を作り上げることは難しくても、周りを見回せば、実現可能なことがあるはずです。

また、自身の能力が高いために、周りとの温度差で、気になることがあるかもしれません。もっと早く仕事を処理したい、効率的にテキパキこなしたいのに誰もついてきてくれない、熱量が低すぎる、などと不満に思うことが……。そんなときにはイライラせず、個々の能力が発揮できるよう、導いてあげるのも「22」の役割です。

ソウル・ナンバー

Soul Number 22

多様性のある価値観と
揺るぎない正義感

ソウル・ナンバー「22」の魂は、世の中に正義を問い、自身の正しい行いを認めてもらうことを、心の奥底で求めています。ニュースなどで報じられる不正や、身近な人の理不尽な体験に対し、自分のことのように強い憤りを覚えるかもしれません。

また「22」の中には、「2」が持つ感情的な面や、「4」の安定した堅実さ、またスピリチュアルな感性など、いろいろな価値観がせめぎ合っています。異なる性質を持つ自分に、違和感が生じることもあるでしょう。

ですが、多様な価値観を持つからこそ、たくさんの人を理解できるのです。正義感を軸にしたフラットな視点で物事を捉え、解決することが魂の救済につながるでしょう。

恋愛や結婚の相手には、お互いを見つめ合うというよりも、同じ方向を見ている人を望みます。大恋愛の可能性も、お見合いの可能性もありますが、最終的にはこれまでの経験と自分の勘を信じて、パートナーを選ぶことになるでしょう。

パーソナリティー・ナンバー

Personality Number 22

カリスマ性のある パワフルな人

パーソナリティー・ナンバー「22」の人は、強いエネルギーを持っている印象があります。周りに対して大きな影響力を持ち、カリスマ的存在とみなされているはず。高い理想と広い視野で、グローバルな世界をも見渡し、夢のようなビジョンを具現化する、スケールの大きな人物と思われているでしょう。

だからといって「22」は、自分が特別だというような偉そうな態度をとったりはしません。いつも隣にいる普通の人だけど、じつはすごい人だったと、周囲から改めて尊敬される存在でしょう。

ただ、周りの期待とは裏腹に、自分にはやり遂げる能力もパワーもないと感じる人がいるかもしれません。自分を過小評価する必要はありませんが、荷が重すぎると感じる場合には、有力な協力者や、信頼のおける助っ人を配することで、使命を全うできるでしょう。

Number

22

バースデー・ナンバー

Birthday Number 22

障害を乗り越え
新たな世界を作る力

バースデー・ナンバー「22」の強みは、どんな困難をも克服し続ける力にあります。

そのパワフルな実行力を武器に、数々の障害に立ち向かうことになるでしょう。持ち前の忍耐力と不屈の精神によって、小さな壁から順に、厚く高い壁まで打ち砕く強さを身につけていきます。そしてその力によって、壁を越えた先に待っている新しい世界を構築していくことができるのです。

地位や名誉も大事ですが、人の役に立つことに意義を感じる「22」にとっては、助けた人から受ける善意が、何よりも自身の励みになります。試練を乗り越えるときには周りの人々が手助けをし、善意のスパイラルを世に広める能力が、いずれ「22」の助けとなるでしょう。

また、努力を厭わない「22」は、ある特定の技能に習熟し、達人の域に達することもあります。強い執着心と、難関を克服する力によって技を極めれば、それが人生の武器となるはずです。

22日生まれの人……人から頼まれたことを、なんでもそつなくこなしてしまう、有能な人といえます。そのため、依頼は増えていく一方になりますが、どの経験も、のちに手がけることになる、偉大なプロジェクトに役立つでしょう。

22の強み ➡ パワフル、前進力、達成力、忍耐力、意志力、カリスマ性、高い理想

22の引き寄せアイテム

Theme Color

ゴールド

Stone

ルチルクォーツ、アンバー、パイライト

Item

財布、絵画、名画、観葉植物、
鉱物、大きな鏡

Place

たくさん人が集まる場所、イベント会場、
コンサートホール、スタジアム

Fashion

ゴージャス系、セレブカジュアル系

AromaOil

ジャスミン、ベルガモット

Food

はちみつ、オリーブオイル、
パイナップル、パン、肉類

Number
33

ライフ・パス・ナンバー

Life Path Number

33

無条件の愛で万物を包み込む

ライフ・パス・ナンバー「33」の人は、愛にあふれた独特の感性を持っています。「3」がふたつ並ぶことから、その創造力が発揮されると革命ともいえるような改革を起こしたり、「33」を1桁にした「6」の母性が強調されたときは、罪人をも大きな愛で包み込んでしまうような包容力を発揮したりするでしょう。

「33」の無償の愛は、人間のみならず、動物や植物などを含め、地上すべての存在に向けられています。そのスケールの大きな愛に、癒される人もいれば、変わった人だと思う人もいます。マスター・ナンバーである「33」の多面性は、見る人によってもさまざまで、一概に言い表すことが難しいのです。

天真爛漫といえば聞こえがいいのですが、ときどき突拍子のない言動や行動で、周りの人々を唖然とさせることがあります。それは、人とは違う独特の感性を持つ「33」が、感覚のままに行動するため、人の目を気にしたり、常識にとらわれたりすることがないからです。

「33」の恋愛は、ドラマチックなときもあれば、友人関係から自然に距離が縮まっていくときもあります。ひと目で恋に落ちることもあれば、愛の幅が広すぎて自分の恋愛感情に気づかないことも。そんな個性的な「33」を、受け入れてくれる相手が理想的です。

立ち位置 ➡ **スピリチュアル**

現実よりも精神的な面で、人並外れた感性を持つ「33」。ピュアな心や無邪気な言動から、周りの人に手を差し伸べたり、逆に差し伸べられたりすることが多いようです。集団の中では、目立つ存在になったり、浮世離れした雰囲気を持っていたりすることもあります。

周りの人々にとって、やや捉えどころのない「33」ですが、自分自身でも、人とは違う自分に気づいて、ふいに孤独感に襲われることがあるかもしれません。しかしそれは一時的なこと。自分の個性を受け入れることで、立ち直っていくでしょう。

長所 ➡ **あふれる愛**

家族への愛はもちろん、周囲の人々や地球全体をも愛することができる力を持つ「33」。自分のことより相手のことを優先し、見返りを求めず奉仕を続けることもできるタイプです。人が幸せになることで、幸せになれるのが「33」の特徴で、癒しを感じる人も多いでしょう。

「33」の許容範囲はとても広く、ほかの人ならなかなか許せないようなことでも、大きな愛で包み、許すことができます。受け入れる人の数も、他者より圧倒的に多いでしょう。ただし「33」にも独自の限界はあるようです。その限界を超えたときは、取りつく島もないほど、怒り狂うことがあります。

弱点 ➡ **ピュアすぎるところ**

「33」には計算高いところがありません。それはずる賢さと無縁だということです。悪意のない心、ピュアであることはもちろん魅力につながりますが、残念ながらその善意を利用されてしまうことも。

だまされていることにあとから気づいたり、誰かに指摘されてはじめて発覚したりすることもあるでしょう。とはいえ「33」自身は、だますよりもだまされるほうがよいと思っているところがあり、それほどダメージとして受け取っていない可能性もあります。仕方ないと割り切る気持ちは素晴らしいのですが、より悪意を持っている人から、さらなる被害を受けないよう、慎重になることも必要です。

Number
33

ディスティニー・ナンバー
Destiny Number 33

独特なヒーリング力で
周囲の人々を癒す

ディスティニー・ナンバー「33」の使命は、自分の感性に基づいて、周囲を癒し元気にすることです。

カウンセリングや悩みの相談など、何かあったときはさりげなく寄り添ってあげましょう。「33」がそばにいるだけで、不思議と癒されることがあるのです。「33」のスピリチュアルな力と大きな愛が、独特な癒しの効果をもたらします。

癒し手の「33」本人はもちろん、癒されている側も、そのときは何が起こっているのか気づきませんが、のちに、あのとき「33」のおかげで元気になった、と感じることも少なくないでしょう。

「33」のヒーリングが及ぶ相手は、家族や友人や同僚など、身近な人たちだけとは限りません。短時間の触れ合いでも、ちょっとしたおしゃべりで癒し、楽しませることができます。人々の笑顔のために生きる役割があるといえるでしょう。

ソウル・ナンバー
Soul Number 33

スケールの大きな愛で
自身も癒される

ソウル・ナンバー「33」の魂は、献身的な愛を捧げ、人々を幸せにすることを求めています。すべての人が幸せになることを望む「33」

は、他者が幸せになることで、自らも救われます。
「33」の中には、人知れず迷いや葛藤に悩む人が多いかもしれません。それは「33」が、大きな使命を帯びたマスター・ナンバーであり、スピリチュアルで独特な感性を持っているからともいえます。人とは違う捉え方をすること、本音を出すと受け入れてもらえないと感じることもあり、そのままの自分を出すのがためらわれてしまうのです。そんなときは、自分を否定せずに受け入れられるようになるまで、一人の時間を大切に過ごし、心を回復させてあげましょう。
「33」には、恋愛と結婚どちらにおいても、ナチュラルな姿を受け入れてくれる相手が必要です。もちろん相手にもありのままの姿を出して欲しいと望んでいるでしょう。

パーソナリティー・ナンバー

Personality Number 33

スピリチュアルな力を持つ 親切だけど天然な人

パーソナリティー・ナンバー「33」を持つ人は、スピリチュアルな感性を持ち、そばにいると癒される人物だと周りから思われています。まるでヒーラーのような存在感でしょう。困っている人がいれば助けてあげる親切なところもあり、また天真爛漫な愛されキャラというイメージも強いはず。ただし、ときにはその天然要素から、何かとんでもないことをするかもしれない……という危険性を感じさせることがあるかもしれません。
「33」の親切な行為は癒しを感じさせる一方で、人によっては、空気が読めない人、迷惑に気づかない人と思われてしまうことも。それは突拍子もない言動がそう思わせてしまっているのでしょう。相手が負担に思っているのではないか、という気持ちを少しでもキャッチしたら、すぐに身を引くことが賢明です。

33の引き寄せアイテム

Theme Color
レインボー

Stone
ダイヤモンド、レインボークォーツ、オパール

Item
ハーブ、プレゼントの品、お守り

Place
海、大河、山、大峡谷、
滝、大型医療施設

Fashion
ガーリッシュ系
※男性の場合は癒し系、オーバーサイズ、年下ルックなど

AromaOil
ミルラ、ユーカリ

Food
麺類、キノコ類、ナッツ類、
ジャガイモ、彩り豊かなもの

第2章

引き寄せ数秘術

引き寄せ数秘術には、3つのコア・ナンバーズを用います。引き寄せたいテーマと数字についてマスターしましょう。また、コア・ナンバーズを用いない数字の引き寄せや、数と共鳴するアイテムの取り入れ方などもここで紹介しています。

引き寄せ数秘術に使うコア・ナンバーズ

ライフ・パス・ナンバーとバースデー・ナンバーをまず意識

本書で取り上げている5つのコア・ナンバーズ。コア・ナンバーズとは、その人の「核」となる性質を教えてくれる大事なナンバーで、人生や運命を導くとされています。

この中で、「ライフ・パス・ナンバー」と「バースデー・ナンバー」は、生年月日から導き出されるナンバーです。引き寄せ数秘術においても、まずはこのふたつのナンバーを改めて意識し、理解を深めることが重要です。なぜなら生年月日は、一生変わることなく、生まれたときから自身に影響がある、縁の深い数字だからです。

ライフ・パス・ナンバー……コア・ナンバーズの中でもメインとなる数字。しっかりと数に向き合い、数のメッセージを受け取っていくことが大切です。ライフ・パス・ナンバーは、生まれつき備わっている才能や資質がわかる数字。自分にはどんな才能や資質があるのか、それを生かすにはどうすればよいのか、数のキーワードをじっくり掘り下げ、自分をより深く知る手がかりにしましょう。

バースデー・ナンバー………自分の強みや武器を表し、7つのポジティブなワードがライフ・パス・ナンバーを補佐するエネルギーです。自分の武器を有効に使い、人生を豊かに発展させようと意識しながら活用していくことが大切です。

ふたつのナンバーから自身の才能や資質、強みに気づき、意識することで、数のエネルギーがより発揮されやすくなるでしょう。

引き寄せ数秘術に使う3つのナンバー

生年月日から導き出される、ライフ・パス・ナンバーとバースデー・ナンバーは、変えることができません。そのため、引き寄せ数秘術においては、「ディスティニー・ナンバー」「ソウル・ナンバー」「パーソナリティー・ナンバー」の３つのナンバーを主に活用します。なぜならこの３つは、氏名によって導き出される数字だから。意図的に氏名（名前）を「変えること」で、引き寄せの効果が得られるともいえるでしょう。

ディスティニー・ナンバー
氏名（名前）のアルファベットをもとに算出する。
ソウル・ナンバー
氏名（名前）のアルファベットの母音をもとに算出する。
パーソナリティー・ナンバー
氏名（名前）のアルファベットの子音をもとに算出する。

数秘術の基本は「誕生時の氏名で算出する」ことですが（p.54参照）、これは20世紀初頭に始まった、現代の数秘術の創始者であるミセス・L・ダウ・バリエッタが提唱するものです。つまり今から100年以上前に提唱された、ということになります。

もちろんこのメソッドは大変有効です。誕生時の氏名で数字を導き出し、そのナンバーを自分の中で掘り下げることは、自分を知る大きな手がかりとなります。まずは、誕生時に授かったエネルギーである数字を確認し、自身を理解することが必要だともいえるでしょう。

そのベースは押さえつつ、もう一歩進んだ考え方を取り入れていくのが、100年以上経った現代の占い方です。この100年で時代は大きく変わりました。ＡＩ時代ともいわれる現代は、パソコンやスマホが普及し、誰もがネットやＳＮＳを通して自由に発信をしています。

これらのツールでは、プライバシー保護の観点からも本名を使っている人は多くありません。多彩で多種多様な名前が、バーチャルな世界にはあふれています。中には、本名よりもそちらの名前のほうが知れ渡っていて、むしろ名前を変えたことにより、状況が大きく変化した、という人もいるでしょう。それもそのはず、名前を変えることは「人生を変える大きなきっかけになる」といえるのですから。

名前を変えることは、なりたい自分になること

これまでは名前を変えるというと、芸能人やスポーツ選手、作家など、ちょっと特別な世界にいる人たちがするもの、というイメージが強かったのではないでしょうか。本格的に戸籍から改名しようとすれば、手続きが必要ですし、改名する明らかな理由なども求められます。もちろんここでは、改名をおすすめするわけではありません。

そんな大げさなことではなくて、ＳＮＳなどのツールを使う際、「表示する名前」を新しく設定しましょうという提案です。

「表示する名前」を新しくする理由は、「なりたい自分になる」ため。つまり「なりたい自分を引き寄せる」ためです。自身が思い描く理想の自分になるために、表に打ち出す自分をカスタマイズするのです。

ただし、単に自分の好きな名前にするのとは異なります。もちろん好きな名前でもよいのですが、そこは少し数秘の工夫を。名前を数字に変換したときに、「自分の望む数字に当てはまる」よう設定し、数の応援が得られるようにする、それが引き寄せ数秘術です。

自分がどうしたいかをイメージして数字を役立てる

例えば、Aさんのディスティニー・ナンバーが「２」だとします。ライフ・パス・ナンバーも「２」だったとしましょう。Aさんは人を受け入れる力があり、気遣いもできる人。「対人関係」において、とりわけ能力を発揮できるでしょう。それはすでに、自他共に認める魅力であることがわかっています。

ですが社会と関わっていくときに、サポート役ではなく、自分がイニシアティブをとって進めたい案件が出てきました。Aさんは、自分はタフさに欠け、決断力や実行力もないと感じています。また、どうしても相手の気持ちを尊重するばかりで、自分の気持ちを強く主張することができません。

そんなとき、「８」の持つ力を味方につけることができたらどうでし

ょうか？　「２」のエネルギーはすでに知って（持って）いますから、その上で「８」のエネルギーを引き寄せることができたら、大きなプラスとなるのではないでしょうか。

ライフ・パス・ナンバーの「２」は変えられませんから、ディスティニー・ナンバーが「８」になるように名前を変更すれば、その役割や使命において、Aさんは「８」の持つ力を引き寄せることができる、というわけです。

そんな簡単に結果が出るの？　そんな都合よくいくものなの？　という声も聞こえてきそうですが、引き寄せ数秘では「懐疑的な発想をやめる」ことが何より重要です。なぜなら、引き寄せとは「自分の意識を向けたものが現実に引き寄せられること」であり、引き寄せの法則では、「どんなことでも自分の思いに同調した現実を引き寄せること」になるのですから。

また、名前を変えるということは、名前から発生する波動が変わることも表します。波動が変われば、当然、その伝わる振動も変わるもの。そうすれば、必然的に引き寄せられるものが変わってくるといえます。名前は自分を表す、いわば大事なアイテムのひとつですから、それを変えるということは、自分が想像する以上の効果をもたらす、といっても過言ではありません。

普段着がライフ・パス・ナンバーとするならば、ディスティニー・ナンバーは仕事着をまとうようなもの。

Aさんの例でいえば、これまで仕事の場で着ていた「２」のやわらかいワンピースを脱ぎ捨て、これからは「８」のブランドもののスーツをまとう、というイメージでしょうか。

「名前を変えること」は、引き寄せたいものを願い、引き寄せられるのを待つスタイルではなく、自身の波動を変えることで、「自らが引き寄せたいものを積極的にたぐり寄せていく」ことになります。これは、今の時代に合った新しい「戦術」のひとつであり、新たなイメージチェンジ法ともいえるでしょう。

やりたい仕事や役割、立場を引き寄せる

誕生時の氏名でディスティニー・ナンバーを検証する

やりたい仕事や役割、立場を引き寄せるのに意識したいナンバーは、「ディスティニー・ナンバー」です。このナンバーは、この世で果たすべき使命や社会的な役割を示しています。人生の目標や社会に対してどんな貢献をしていくべきかを教えてくれる数字でもあります。

まずは自分の誕生時の氏名で、ディスティニー・ナンバーを算出しましょう。その数字をじっくりと読み込み、9つのキーワード、レーダー・チャートなどをしっかり掘り下げていきます。この時点で、誕生時の氏名がピンとこない場合もあるかもしれません。ディスティニー・ナンバーの算出法（p.54参照）でも述べましたが、結婚、あるいは親の離婚などで苗字が変わり、今の苗字のほうがしっくりくるという場合は、その苗字で算出してください。

すでにペンネームなどがあり、本名もそのペンネームも両方大事にしている場合は、両方の数字を算出してみてもよいでしょう。社会的な仕事をしている場合は、そちらを「外の顔」として、本名は「内の顔」として考えれば、納得できる特性が現れている可能性があります。

この時点で複数の名前を持っていたり、また、そこで算出した数字にピンときたり、なおかつそれでよいと納得し、その数字をもっと大事にしたい、極めたいという場合は、もちろん名前を変える必要はありません。なぜならその場合は、その数字の課題にまだ取り組む必要があると考えるからです。また、新たな名前を無理やり増やす必要もありません。

ですが、現状を変えたい、新たな役割をこなしてみたい、また、や

りたい仕事をやっていくためにもっと別のエネルギーが欲しい、今とは違う立場を引き寄せたいなど、人生を変えたいと思っている人は、引き寄せたい数字に合わせ、ぜひ名前をカスタマイズしていきましょう。

ディスティニー・ナンバーをカスタマイズする

名前を新たに設定するときは、ライフ・パス・ナンバーとのバランスをとることも重要です。また、自身の強みであるバースデー・ナンバーを意識することも大切でしょう。このふたつの数字にはないエネルギー、もしくは、もっと強化したいと思うエネルギーの数字を設定します。

ディスティニー・ナンバーは仕事などで社会と関わっていくときに重要な数字となりますから、今の自分の立ち位置などを意識し、今こそ欲しい必要なエネルギー、もっと引き寄せたいと思っているエネルギーの数字を選ぶことも大切です。それには、自身がどうなりたいかということを明確にしておくことも必要でしょう。

1978年５月15日生まれの加藤光希（かとうこうき・ＫＡＴＯ ＫＯＫＩ）さんの場合をみていきましょう。加藤さんのライフ・パス・ナンバーは「９」で、ディスティニー・ナンバーは「３」、バースデー・ナンバーは「６」です。

ライフ・パス・ナンバーとバースデー・ナンバーは「愛」を軸に持っている数字です。すでに思いやりや共感力の高い数字ですが、もっと強化したいと思うなら、ディスティニー・ナンバーが「２」や「６」、「９」や「33」になるよう設定しましょう。もっと自立心や積極性を高めたいと思うなら「１」、現実的な視点を持てるようになりたいなら「４」「８」「22」など、自身の希望や理想に合わせて数字を設定していくことが大切です。

例えば、表記をフルネームではなく、名前だけの表記（ＫＯＫＩ）にすると、ディスティニー・ナンバーは「１」になります。心機一転新しいことを始めたい、起業したいなどと思っている場合に有効な名前といえるでしょう。

引き寄せ

Destiny Number 1

☑リーダーシップを発揮して周りを引っ張っていきたい
☑新しいことを始めたい、そしてそれを突き進めたい

ディスティニー・ナンバー「1」の役割は、自ら先頭を切って「始める」ことです。上記のように、自立心や積極性を発揮したい場合にふさわしいエネルギーを「1」は持っています。

すでに、フリーランスや自営業で活躍している人や、新しい企画やアイデアを出すような仕事に就いている人、新しい分野の事業開発に関わっている人などで、もっと「1」の役割を引き寄せたいと思っている場合にも有効です。

引き寄せ

Destiny Number 2

☑気持ちを汲み取り、周りの人をサポートしたい
☑人と人を結び、「和」をもたらしたい

ディスティニー・ナンバー「2」の役割は、周囲の人たちを「支える」ことです。協調性やサポート力を発揮したい場合にふさわしいエネルギーを「2」は持っています。

秘書やコーディネーターなどのサポート役に就いている人や、心理カウンセラーやセラピスト、介護士など直接的に人を助ける職業の人などで、もっと「2」の役割を引き寄せたいと思っている場合にも有効です。

引き寄せ

Destiny Number
3

☑ユーモアとウイットを持って楽しく生きたい
☑人生の楽しさと喜びをたくさんの人に伝えたい

ディスティニー・ナンバー「３」の役割は、たくさんの人に、生きる喜びと勇気を与えることです。また、それを伝えるための豊かな表現力とコミュニケーション能力を発揮したい場合にふさわしいエネルギーを「３」は持っています。

アナウンサーや広報役など、また、インターネットやテレビ、雑誌などで大勢に情報を発信する側、またエンターテインメント業で、もっと「３」の役割を引き寄せたいと思っている場合にも有効です。

引き寄せ

Destiny Number
4

☑コツコツ努力を続け、信頼されたい
☑基礎をしっかり築き、物事を安定させたい

ディスティニー・ナンバー「４」の役割は、社会に安定感を与えて土台を構築することです。また、それを成し遂げるための責任感と慎重さを「４」は持っています。

確実さが必要とされる経理など、お金を扱う仕事に就いている人や、基礎をしっかりと行わなければ成り立たない建築関連の仕事などに関わっている人、秩序が求められる公務員や職人などで、もっと「４」の役割を引き寄せたいと思っている場合にも有効です。

引き寄せ

Destiny Number 5

☑現状を打破して、思いっ切り自由を謳歌したい
☑夢とロマンに生き、人々を魅了したい

ディスティニー・ナンバー「5」の役割は、自身が自由を謳歌しながら、人々に希望を与えることです。また、それを成し遂げるための好奇心や冒険心を発揮したい場合にふさわしいエネルギーを「5」は持っています。

すでに、人々を魅了する芸能関係やエンターテイナー、自由な発想力が必要とされるクリエイター、また営業職や接客業などで、もっと「5」の役割を引き寄せたいと思っている場合にも有効です。

引き寄せ

Destiny Number 6

☑愛あるサービスで、周りを笑顔にしたい
☑必要とされることに関わり、愛を提供したい

ディスティニー・ナンバー「6」の役割は、奉仕の精神を持って困っている人たちに手を差し伸べることです。また、それを成し遂げるための深い愛情と正義感を発揮したい場合にふさわしいエネルギーを「6」は持っています。

すでに、直接的にサポートをする看護師や介護士、悩みに答えるカウンセラー、教師など人やペットを育む仕事に就いている人で、もっと「6」の役割を引き寄せたいと思っている場合にも有効です。

引き寄せ

Destiny Number 7

☑専門的な知識や情報を習得し、提供したい
☑興味のある分野を思う存分探究していきたい

ディスティニー・ナンバー「７」の役割は、探究心を持って、さまざまなことを明らかにしていくことです。また、それを成し遂げるための分析力と考察力を発揮したい場合にふさわしいエネルギーを「７」は持っています。

すでに、研究することが仕事となるような学者や教授、真実を追い求めるリサーチ業や探偵業に就いている人で、もっと「７」の役割を引き寄せたいと思っている場合にも有効です。

引き寄せ

Destiny Number 8

☑難しいミッションをクリアし、高みを目指したい
☑結果を出し、その先にある豊かさを手に入れたい

ディスティニー・ナンバー「８」の役割は、高いハードルをクリアし、豊かさをもたらしていくことです。また、それを成し遂げるためのタフさと実行力を発揮したい場合にふさわしいエネルギーを「８」は持っています。

経営者や、起業しようとしている人、人事の差配やプロデュースをするような人、大きなお金を動かす仕事に就いている人などで、もっと「８」の役割を引き寄せたいと思っている場合にも有効です。

引き寄せ

Destiny Number 9

☑平和や愛に関わる活動をしたい
☑人々が幸せを感じられるよう貢献していきたい

ディスティニー・ナンバー「９」の役割は、寛大な心を持って社会貢献をすることです。また、それを成し遂げるための共感力と理解力を発揮したい場合にふさわしいエネルギーを「９」は持っています。

弱い立場の人たちや動物を救うような仕事に就いている人、困っている人たちの手助けをするカウンセラーや介護福祉業、ボランティアを行なっている人たちで、もっと「９」の役割を引き寄せたいと思っている場合にも有効です。

引き寄せ

Destiny Number 11

☑変わるきっかけや希望、気づきを発信したい
☑直感力やスピリチュアルな能力を高めたい

ディスティニー・ナンバー「11」の役割は、多くの人々に人生の気づきを与えることです。それを成し遂げるための直感力やスピリチュアルな感性を発揮したい場合にふさわしいエネルギーを「11」は持っています。

すでに、スピリチュアルカウンセラーや占術家、アーティストや作家など発信力のある職種に就いている人たちで、もっと「11」の役割を引き寄せたいと思っている場合にも有効です。

引き寄せ

Destiny Number 22

☑理想を現実にし、夢や希望を与えたい
☑グローバルに活動し、成功を収めたい

ディスティニー・ナンバー「22」の役割は、どんな無理難題であっても、人々の幸せのために行動し続けることです。それを成し遂げるためのタフさやカリスマ性を発揮したい場合にふさわしいエネルギーを「22」は持っています。

すでに、世界規模の大きな仕事に関わっている人たちや、政治家や平和活動家などでグローバルな仕事をしていて、もっと「22」の役割を引き寄せたいと思っている場合にも有効です。

引き寄せ

Destiny Number 33

☑癒しを届けると同時に、周りの人を元気にしたい
☑ヒーリングの力で革命を起こしたい

ディスティニー・ナンバー「33」の役割は、存在すること自体で人々に安心感や愛情を与えることです。それを成し遂げるためのヒーリング力や愛の力を発揮したい場合にふさわしいエネルギーを「33」は持っています。

すでに、人々を癒すカウンセラーやセラピストなどの職業に就いている人や、ボランティアなど奉仕の精神が必要な仕事をしていて、もっと「33」の役割を引き寄せたいと思っている場合にも有効です。

幸せになれる愛のパワーを引き寄せる

恋愛、家族愛、友愛を引き寄せたい場合

幸せになれる愛のパワーを引き寄せるのに意識したいのは、「ソウル・ナンバー」です。ソウル・ナンバーは、心の声ともいえるナンバーです。内なる魂が求めていること、自分らしく生きていくことを教えてくれる数字でもあります。

まずは自分の誕生時の氏名（または、しっくりくる苗字やすでに使っているペンネーム）で、ソウル・ナンバーを算出しましょう。その数字をじっくりと読み込み、9つのキーワード、レーダー・チャートなどをしっかり掘り下げていきます。この時点で自身のソウル・ナンバーに納得でき、その数字の意味をもっと大事にしたいという場合は、もちろん名前を変える必要はありません。

ですが、心機一転、新しい恋をしたい、恋に対する心の矛盾をなくしたい、素直になりたいなど、これまでの自分の恋愛観や結婚観を変えたいと思っている人は、ぜひ名前を引き寄せたい数字に合わせていきましょう。

ライフ・パス・ナンバーやパートナーと同調する数字を選ぶ

新しく名前を設定するときは、ライフ・パス・ナンバーとのバランスをとることも大切。なぜなら、ライフ・パス・ナンバーには、すでに自分の恋愛観や結婚観が反映されているからです。63ページの相性表を見て、自身のライフ・パス・ナンバーと同調する数字を選ぶ、というのもひとつの方法でしょう。

また、恋愛は一人ではできませんから、好きな人やパートナーのラ

イフ・パス・ナンバーやソウル・ナンバーと同調する数字を選ぶのもおすすめです。特に、対立しやすく関係がうまくいっていない場合や、相手の気持ちに寄り添いたいと思っているなら、ぜひその数字を取り入れていきましょう。

1987年３月29日生まれの滝沢純太（たきざわじゅんた・TAKIZAWA JUNTA）さんの場合をみていきます。滝沢さんのライフ・パス・ナンバーは「３」で、ソウル・ナンバーは「７」です。

ライフ・パス・ナンバー「３」は、安定よりも変化のある恋、楽しい恋が好きなタイプ。デートも人気スポットなど賑やかなところを提案しがちです。でも、ソウル・ナンバーの「７」は、静かな恋を育んでいきたいと望んでいます。余裕がないときは、一人の時間も大切にしたいという本音も。すでに矛盾をはらんでいる滝沢さんの恋模様は、自分だけではなく相手まで混乱させる傾向があります。見方によっては、自分の心と上手に折り合いをつけられずに、恋を短命に終わらせてしまうことが、この「３」と「７」の組み合わせのもったいないところのひとつ、といえるかもしれません。

相性表を見ても、「３」と「７」は「▲」となり、感性の違う組み合わせです。恋における理性と本能において、もともと矛盾を抱えやすいでしょう。ベースは「３」ですから、もっと素直に目の前の恋を楽しんだり、余計なことを考えずに恋を謳歌できれば、心から笑顔になれる可能性があります。

ソウル・ナンバーをライフ・パス・ナンバーと同じ「３」にすれば、もっと心が軽くなり、相性表で「♡」となっている「５」なら、前向きに未来を引き寄せやすくなるかもしれません。「１」にすると、相手をリードしながら積極的に楽しめるでしょうし、「９」にすれば、もっと広い心で相手を受け入れられるようになるかもしれません。

例えば、相手のライフ・パス・ナンバーやソウル・ナンバーが「11」なら、自身のソウル・ナンバーを「11」に設定してもよいでしょう。目に見えない大切なものを、より気づけるようになるかもしれませんし、これまでと違った心持ちで、相手の気持ちを汲み取れるようになる可能性も高まります。

引き寄せ Soul Number 1

☑自分の想いを積極的に伝えていきたい
☑相手をリードし、頼られたい

ソウル・ナンバー「１」は、自分が１番であるために、その位置を積極的につかみにいく数字です。

新しい出会いを求めている人、積極的に交流できずに悩んでいる人、なかなか好きな人にアプローチできない人も、ソウル・ナンバーを「１」にすると、状況が変わってくるはず。不思議と自ら行動を起こせるようになるでしょう。また、障害のある恋においても、情熱を取り戻せるナンバーになります。

引き寄せ Soul Number 2

☑相手の気持ちに寄り添って理解を深めたい
☑サポート力を上げて、パートナーを引き立てたい

ソウル・ナンバー「２」は、協調性を重視し、歩み寄りを大切にすることを望む数字となります。

パートナーとの距離をもう少し縮めたい人や、サポートや世話をすることで相手を引き立てたい人は、ソウル・ナンバーを「２」にすると、状況が変わってくるはず。不思議とうまく調和が保てるようになり、関係が円満になるでしょう。また、恋人が欲しい、家庭を持ちたいという人にとっても、愛が生まれやすくなるナンバーになります。

引き寄せ

Soul Number 3

☑パートナーを楽しい気持ちにさせたい
☑明るくユーモアのある関係性を築きたい

ソウル・ナンバー「３」は、楽しい雰囲気を感じたい、コミュニケーション力を高めたいときにぴったりの数字となります。

ポジティブに恋を楽しみたい人や、知的でユーモアのあるカップルになりたい人は、ソウル・ナンバーを「３」にすると、状況が変わってくるはず。また、「３」は相手を喜ばせてあげたい気持ちが高まったり、一緒にいて楽しい気持ちになれたりするため、パートナーとの関係性がマンネリ化してきている人にもおすすめのナンバーです。

引き寄せ

Soul Number 4

☑二人の関係を安定させたい
☑時間をかけて、じっくりと愛を育みたい

ソウル・ナンバー「４」は、慎重さや確実さが増して、状況を安定させる数字となります。

今まで交際が長く続かなかった人や、結婚を意識して付き合いを深めたい人は、ソウル・ナンバーを「４」にすると、状況が変わってくるはず。また、すでに結婚していて、将来設計を立てたいと思っている場合や、子育てや貯蓄など、積み上げていくものを成功させたいときにもおすすめのナンバーです。

引き寄せ

Soul Number 5

☑大胆で刺激的な恋がしたい
☑過去の恋の呪縛から解放されたい

ソウル・ナンバー「5」は、冒険心に富み、自由に恋を謳歌させるパワーを持っている数字です。

現在の状況や関係性を変えたい場合、過去の恋から解放されたい人、これまでと違う刺激的な恋がしたい人は、ソウル・ナンバーを「5」にすると、状況が変わってくるはず。また、相手への嫉妬心が抑えられないようなときも、「5」のナンバーを持つことで、自分自身の束縛したい気持ちから解き放たれるような効果がありそうです。

引き寄せ

Soul Number 6

☑無償の愛を相手に与えられるようになりたい
☑恋愛(家庭)と勉学(仕事)のバランスをうまくとりたい

ソウル・ナンバー「6」は、思いやりにあふれた母性的な愛情を引き出す数字となります。

心から相手に尽くすことができるようになりたい人や、思いやりのある関係性を作りたい人は、ソウル・ナンバーを「6」にすると、状況が変わってくるはず。また、恋におけるバランス力を身につけたい人、相手に結婚を意識してもらいたい場合なども、「6」はおすすめです。母性について気づきを得ることができるでしょう。

引き寄せ

Soul Number 7

☑洞察力を鍛えて相手を見極めたい
☑真実の愛かどうかを冷静に判断したい

ソウル・ナンバー「７」は、真実を追い求める冷静な姿勢を引き寄せる数字となります。

パートナーとの関係がギクシャクして今後どうしたらいいか悩んでいる人や、現在の状況に冷静な判断を下したい人は、ソウル・ナンバーを「７」にすると、状況が変わってくるはず。また、恋愛に溺れて、自分の生活が立ち行かなくなるような人は、「７」の力を借りて、冷静さを保つようにするのもよいでしょう。

引き寄せ

Soul Number 8

☑結果を出したい
☑成就しにくい恋愛にも、立ち向かえる勇気が欲しい

ソウル・ナンバー「８」は、どんな状況でも乗り越えるタフさを持つ、自信にあふれた数字です。

もっと積極的に恋愛をしたい人や、成就《じょうじゅ》しにくいと思われる関係を続けている人、一気に結婚に持ち込みたい人などは、ソウル・ナンバーを「８」にすると、状況が変わってくるはず。また、「交際」や「結婚」などの明確なゴールが設定されている人は、この「８」の力を借りて、達成力を引き寄せるとよいでしょう。

引き寄せ

Soul Number 9

☑相手を許す力や寛大な気持ちを手に入れたい
☑共感力や癒しの力を高めて愛を育みたい

ソウル・ナンバー「9」は、愛にあふれた受容力を引き出し、理解力を深める数字となります。

相手のそのままを受け入れたいと思っている場合や、すべてを愛に還元できる力が欲しい人は、ソウル・ナンバーを「9」にすると、状況が変わってくるはず。また、なかなか相手の気持ちを理解できずに苦しんでいる人や、自分のわがままを抑えたいときにも、「9」の力を借りて、共感力を高めると、さらに親密になれるでしょう。

引き寄せ

Soul Number 11

☑直感力を研ぎ澄まし、相手を見極めたい
☑繊細さを身につけて、空気を読む力をつけたい

ソウル・ナンバー「11」は、インスピレーション能力を活性化させてくれる数字となります。

恋に慎重になりすぎて、なかなか恋愛関係に発展しない人や、結婚相手について迷っている人などは、ソウル・ナンバーを「11」にすると、直感力が冴えて、不思議と進むべき道がわかってくるはず。また、出会いを求めている人も、「11」にすることによって、ビビッとくるひらめきの感覚が高まりそうです。

引き寄せ

Soul Number 22

☑理想の相手を引き寄せたい
☑強い意志を持って、力強く進みたい

ソウル・ナンバー「22」は、理想を現実に変えるパワーと一途さを持っている数字です。

なかなか理想の相手が現れない人、明確な目標をはっきりさせたいと思っている人は、ソウル・ナンバーを「22」にすると、状況が変わってくるはず。今の状況に迷っている人、相手に翻弄《ほんろう》されやすい人にもおすすめのナンバーです。また、ライバルがいて気持ちで負けそうなときに設定すると、ひるまず前に進むことができるでしょう。

引き寄せ

Soul Number 33

☑相手を許す力が欲しい
☑無条件の愛で相手を包み込み、癒したい

ソウル・ナンバー「33」は、大きな愛で相手を包み込むことができる数字となります。

自分の心が狭いと感じている人や、相手を信じることができずに疑ってしまう人、嫉妬心に苦しんでいる人、なかなか相手を許すことができない人に、ぜひ設定して欲しいナンバーです。広い視野と心で、全体を見渡すことができるようになり、これまで感じられなかった相手への感謝の気持ちが芽生えてくるようになるはず。

なりたい印象、キャラクターを引き寄せる

第一印象を変え、憧れのキャラクターに近づく

なりたい印象、キャラクターを引き寄せるのに意識したいナンバーは、「パーソナリティー・ナンバー」です。パーソナリティー・ナンバーは、自分が周りからどう見られているか、オフィシャルな場面で人に与えている印象を教えてくれる数字でもあります。

まずは自分の誕生時の氏名（または、しっくりくる苗字やすでに使っているペンネーム）で、パーソナリティー・ナンバーを算出しましょう。その数字をじっくりと読み込み、9つのキーワード、レーダー・チャートなどをしっかり掘り下げていきます。この時点で自身のパーソナリティー・ナンバーに魅力を感じていて、その印象を大事にしたいという場合は、もちろん名前を変える必要はありません。

ですが、自分の印象を変えたい、本来の自分と周りからの印象が異なり納得がいかない、あるいは期待される役割とのギャップが気になると思っているなら、ぜひ名前を引き寄せたい数字に合わせてみましょう。

効果を実感しやすいパーソナリティー・ナンバーの引き寄せ

新しく名前を設定するときは、ライフ・パス・ナンバーとのバランスを考えたほうがよい場合もありますが、あえて違うイメージを打ち出していきたいなら、ライフ・パス・ナンバーとは真逆の数字にしてみるのもよいかもしれません。

関係を深めたいと思っている人に対して自身の印象に変化をつけたい場合、本来の自分と近いイメージの数字に設定することもおすすめ

ですが、全然違う印象を与えたいと望んでいるなら、なりたいと思っているイメージの数字を、自由に選ぶほうがよいでしょう。
特に広く多数に向けて発信するＳＮＳ上で使うなら、効果を早く実感できる可能性が高いですし、数字を変えて「なりたい自分になる」楽しみを、きっと感じられるはずです。
まずは、このパーソナリティー・ナンバーを変えることから始めてみる、というのも、引き寄せ数秘術のパワーを実感するにはおすすめかもしれません。

2002年１月17日生まれの、堂本優季（どうもとゆうき・ＤＯＭＯＴＯ ＹＵＫＩ）さんの場合をみていきます。堂本さんのライフ･パス･ナンバーは「４」で、パーソナリティー・ナンバーは「１」です。
ライフ・パス・ナンバーの「４」は、自分がすべきことをきちんと把握し、地道にコツコツ努力を続けることが得意です。新しいことに着手するときは慎重に進めるのが「４」の特徴ですが、パーソナリティー・ナンバーは「１」ですから、本来の気質よりも、大胆で次々に新しいことを打ち出しているように見られがち。そのため、本来持っている持続力がさほどないと周囲に思われている可能性があります。
「自分は慎重になりすぎるから、少しくらい大胆に見られるほうがよい」と思うなら、そのままでもよいでしょう。
ですが、本来の気質を勘違いされたくないと思うなら、パーソナリティー･ナンバーも「４」にすればよいですし、現実的でありながらも、もう少し熱心で強い自分を打ち出したいと思うなら「８」に、人当たりのよい癒しの雰囲気を強めたいなら「９」にするなど、工夫してみましょう。
ＳＮＳで公私を使い分けているなら、仕事では「４」や「８」にして、プライベートでは別の数字にするという選択もあります。「４」だと少し堅さもありますから、プライベートではもう少しやわらかいイメージの「２」や「９」を引き寄せるのもよいかもしれません。
例えば、堂本さんの場合、プライベートでは名前の「ＹＵＫＩ」だけの表記にすれば「９」になります。もちろん本名とは全く関係のない、自身の好きな名前を選ぶのもよいでしょう。

引き寄せ

Personality Number 1

☑時代の先端を行く、目立つ存在になりたい
☑新しいことにチャレンジし続け、周りに刺激を与えたい

パーソナリティー・ナンバー「1」は、前向きで力強さを感じさせる数字です。

すでに先端を行く仕事や社会に刺激を与える活動をしている場合は、ぜひパーソナリティー・ナンバーを「1」にし、先駆者のイメージを強化していきましょう。また、リーダーシップがあると思われたい、自信やプライドをしっかり持っていると思われたい人も、一目置かれる存在になるために、ぜひ「1」に設定してみてください。

引き寄せ

Personality Number 2

☑場の空気を上手に読めると思われたい
☑人の心に寄り添う優しい人と思われたい

パーソナリティー・ナンバー「2」は、細やかな心配りができ、穏やかさを感じさせる数字です。

すでに周囲のサポート役や調整役をしている場合は、ぜひパーソナリティー・ナンバーを「2」にして、そのイメージをより強化していきましょう。また、人の心の機微を把握して、痒いところに手が届く気遣いのできる人と思われたい人や、この人がいるからうまくこの場が成り立っている、と感じさせたい人にもおすすめです。

引き寄せ

Personality Number 3

☑ワクワクすることを提供する楽しい存在と思われたい
☑コミュニケーション力に長けた人と思われたい

パーソナリティー・ナンバー「3」は、ユーモアと活力があり、周囲を明るく楽しい気持ちにする数字です。

すでに盛り上げ役をすることが多かったり、面白いことを発信する仕事をしていたりする場合は、ぜひパーソナリティー・ナンバーを「3」にし、明るく楽しいイメージを強化していきましょう。また、社交的な印象を持たれたい人や、流行に敏感で楽しいことをいつも提供してくれる人と思われたい場合も、「3」にしてみてください。

引き寄せ

Personality Number 4

☑信頼がおける人だと思われたい
☑まじめ、誠実さをアピールポイントにしたい

パーソナリティー・ナンバー「4」は、コツコツと努力ができて何事にも真摯《しんし》に対応するイメージの数字です。

すでに、基礎を積み上げるような仕事をしている場合や、会計係など信用に関わる役を任されることが多い人は、ぜひパーソナリティー・ナンバーを「4」にし、堅実なイメージを強化していきましょう。また、周囲からもっと信頼されたい人や責任のあるポストを任されたい人も、信頼感が醸し出せるよう「4」がおすすめです。

引き寄せ

Personality Number 5

☑自由を謳歌して、輝いていると思われたい
☑個性を生かして、マルチに活躍する存在になりたい

パーソナリティー・ナンバー「5」は、常識やしがらみにとらわれない自由なイメージの数字です。

すでに、フリーランスで働いている人や、一箇所にとどまることなく、アクティブな活動をメインにしている人は、ぜひパーソナリティー・ナンバーを「5」にし、活動的で臨機応変なイメージを強めていきましょう。また、個性を生かしてキラキラ輝いている印象を強調したい人や、チャレンジ精神が旺盛だと思われたい人にも有効です。

引き寄せ

Personality Number 6

☑「あなたに相談したい」と言われる人になりたい
☑思いやりがあり、愛情が深い人だと思われたい

パーソナリティー・ナンバー「6」は、母性愛をイメージさせる愛情深い数字です。

すでに、人を育てる仕事や誰かを助けるような活動をしている人は、ぜひパーソナリティー・ナンバーを「6」にし、相手を安心させるイメージを強調していきましょう。また、自分のことをもっと頼って欲しいと思う人や、責任感や正義感の強い人だと思われたい人は、頼りがいや責任感がある印象を与える「6」に設定してみてください。

引き寄せ

Personality Number 7

☑「自分を持っている人」だと思われたい
☑芯が強く、クールな印象に見られたい

パーソナリティー・ナンバー「７」は、神秘的なオーラを持った孤高の人で、とても芯が強いイメージの数字です。

すでに、一人で黙々と専門性の高い仕事をこなしている人や、自分の中にブレない核のような信念を持っている人は、ぜひパーソナリティー・ナンバーを「７」にし、そのイメージをより強化していきましょう。また、凛とした印象を持たれたい人や、自分の意見をしっかり貫く人だと思われたい人も、ぜひ「７」にしてみてください。

引き寄せ

Personality Number 8

☑タフで、ダイナミックな印象を持たれたい
☑有能で頼れる人、周囲に影響を与える人と思われたい

パーソナリティー・ナンバー「８」は、パワフルな精神力で、何事もこなしていく力強い印象の数字です。

すでに経営者だったり、部下を何人も従えて仕事をしていたり、主導権を握って決断を下したりするような役割を引き受けている場合は、ぜひパーソナリティー・ナンバーを「８」にし、仕事熱心で能力が高そうに見えるイメージを強化していきましょう。また、実力以上の仕事を引き受ける場合にも、「８」に設定してみてください。

引き寄せ

Personality Number 9

☑誰にでも公平に接する人と思われたい
☑癒しのオーラをまとっていると思われたい

パーソナリティー・ナンバー「９」は、あらゆる人の意見を受け入れる共感力の高い数字です。

すでに、相談されることが多い人や、特に傷ついた人を癒すような役割をしている人は、ぜひパーソナリティー・ナンバーを「９」にし、そのイメージをより強化していきましょう。また、「あなたがいるだけで癒される」と思われたい人や、自分がいることで空気が穏やかになったと感じさせたい人も、ぜひ「９」に設定してみてください。

引き寄せ

Personality Number 11

☑神秘的で優しいオーラをまとっていると思われたい
☑言葉に不思議な魅力と説得力がある人と思われたい

パーソナリティー・ナンバー「11」は、どこか神秘的で、透明感をまとっているような数字です。

すでに、スピリチュアルな感性を発揮して仕事をしている人や、直感力やひらめきが必要な役割に就いている人は、ぜひパーソナリティー・ナンバーを「11」にし、感性が鋭いイメージを強調していきましょう。また、言葉に不思議な力があると思われたい人や、やわらかく神秘的な雰囲気を印象づけたい人は、「11」が有効です。

引き寄せ

Personality Number 22

☑カリスマ的な魅力を放ちたい
☑「この人ならやってくれる」と思われたい

パーソナリティー・ナンバー「22」は、パワフルで努力をする現実的な面と、スピリチュアルな感性を持ち合わせている数字です。

すでに、大きなプロジェクトのトップとして働いている人や、重い責務を担っている人は、ぜひパーソナリティー・ナンバーを「22」にし、有能で非凡なイメージを強めていきましょう。また、カリスマ性があると印象づけたい人や、「この人なら絶対にやってくれる」という信頼が持てる人だと思われたい場合も、「22」がおすすめです。

引き寄せ

Personality Number 33

☑大きな愛とピュアなオーラを感じさせたい
☑独自性の強い人、選ばれた人だと思われたい

パーソナリティー・ナンバー「33」は、ピュアな存在感で周囲に安らぎと癒しを与える数字です。

すでに、「愛」や「奉仕」に関わる仕事をしている人や、自分にしかできない特別な世界を築いている人は、ぜひパーソナリティー・ナンバーを「33」にし、そのイメージをより強化していきましょう。また、独自の感性が魅力につながっていると思われたい人や、独特な個性やキャラを認めて欲しい人も、ぜひ「33」に設定してみてください。

パーソナル・チャート
case.1 〈仕事篇〉

引き寄せたいこと

☑リーダーシップを発揮し、周りを引っ張っていきたい
☑新しいことを始めたい、そしてそれを突き進めたい

Aさんのパーソナル・チャート

	オリジナル		引き寄せ数秘
ライフ・パス・ナンバー	4	➡	4
ディスティニー・ナンバー	2	➡	【1】
ソウル・ナンバー	11	➡	*
パーソナリティー・ナンバー	8	➡	*
バースデー・ナンバー	7	➡	7

※引き寄せ数字をディスティニー・ナンバーに絞った場合で説明しています。

オリジナルのパーソナル・チャートを読み解く

引き寄せたい数字を設定する前に、まずは「自分を知る」ことが、引き寄せパーソナル・チャートを成功させるコツです。なぜなら、本来の自分の姿を知らないと、本当に引き寄せたいことがあいまいになったり、ポイントがずれたりする可能性があるからです。まずは、自身のオリジナルであるパーソナル・チャートをしっかりと読み解き、その上で引き寄せたいことをじっくり考えていきましょう。

パーソナル・チャートを読み解くときは、まずは全体の数字を眺め

ることから始めます。例えば、同じ数字が複数ある場合は、その数字の傾向が現れやすいと読み解けます。Aさんのパーソナル・チャートは、同じ数字がひとつもありません。これは、Aさんにはいろいろな要素や側面があり、「多面性のある人」と読み解くことができることを示しています。

「ライフ・パス・ナンバー」とほかのコア・ナンバーズをみる

また、才能や資質を示すライフ・パス・ナンバーを軸にして、ほかのコア・ナンバーズをみていくことも、パーソナル・チャートを読み進めていく上で重要なポイントです。ライフ・パス・ナンバーは、コア・ナンバーズの中でもメインの数字になり、バースデー・ナンバーと同様に変わることのない数字。まずは、ライフ・パス・ナンバーの理解を深めることも大切です。

５つのコア・ナンバーズを順に確認していきましょう。

Aさんのライフ・パス・ナンバーは「４」です。「４」は、ベースに安定を求めるところがあり、現実的でまじめなタイプ。地に足をつけてコツコツと物事を積み上げていくことができる人です。慎重で忍耐力がありますが、スピーディーに行動する力や積極性には欠けるところがあるといえるでしょう。

役割や使命を表すディスティニー・ナンバーは「２」です。相手の心の動きを読みながら周りとの調整を図ったり、相手に寄り添ったりしながら物事を進めていくことを使命としています。自らが表舞台に立つよりも、陰でサポートするほうが向いているナンバーといえるでしょう。

ライフ・パス・ナンバー「４」との相性を見ると、「違いを受け入れ、打ち解け合えば長く続く」となっています（p.63相性表参照）。また、考え方や判断する際に軸とするものが異なるため（p.61参照）、自身の役割に気づくことも、全うしようと決意することも、時間がかかるかもしれません。

ソウル・ナンバー「11」は、とても感受性の強い数字です。目に見えない力を感じ取る直感に優れ、神経質な一面も持っています。ライフ・パス・ナンバーである「4」とは、感性や軸とするものに違いがありますから、性質と本音との間にはギャップがありそうです。そこがAさんの複雑なところ、自分でも悩ましく思うところだといえるでしょう。

パーソナリティー・ナンバーは「8」です。存在感があり、周りからは頼りになる、そんな影響力のある人だと思われているでしょう。ライフ・パス・ナンバーである「4」とは、相性や軸となるものが一致しているため、Aさんの性質とAさんの人から見られる印象は比較的近いということがいえます。

バースデー・ナンバーは「7」です。集中力があり、洞察力が強みとなります。Aさんは、物事をリサーチする力、観察する力、分析する力があるといえるでしょう。ライフ・パス・ナンバーの「4」とは、軸とするものは異なりますが、レーダー・チャートを見ると、持久力、集中力、実行力がともに高いことがわかります。Aさんは、自分の武器をスムーズに発揮しやすいタイプだといえそうです。

仕事の引き寄せポイントは「ディスティニー・ナンバー」

仕事に関することで、理想の引き寄せパーソナル・チャートを設定するには、「ディスティニー・ナンバー」を引き寄せたいと思う数字に設定する必要があります。

ディスティニー・ナンバーは、この人生で果たすべき使命や、世の中でどのような役割をすべきかを示す数字です。仕事を通してどのような使命を果たせばよいのかを意識することで、理想とする方向へ人生が加速していくでしょう。

ただ、名前を変えると、ディスティニー・ナンバーだけではなく、ソウル・ナンバーやパーソナリティー・ナンバーも、自動的に変わる可能性が出てきます。とはいえ、仕事や社会に関わっていく自分の役割や使命を変えたい場合は、明確に引き寄せたいことが決まっているわけですから、最初からほかのナンバーを気にするのはやめましょう。まずは「ディスティニー・ナンバー」を理想の数字にしていくことが大切です。

ディスティニー・ナンバーを「2」から「1」へ

Ａさんは、「時代をリードするような、新しいことにチャレンジしたい」と思っています。

Ａさんの役割を表す、オリジナルのディスティニー・ナンバーは「２」ですから、そのような要素はあまりなさそうです。自分がリードするというより、リードする人をサポートする役割を担っているといえるでしょう。「２」のままでは、Ａさんの希望を叶えることは至難の業といえるかも。

新しいことにチャレンジしたい場合は、「１」の数の要素が一番合っています。

「１」のポジティブ・キーワードは、「自立心」「積極性」「行動力」「外交的」「開拓精神」「リーダーシップ」「男性性」ですから、仕事などを通じて新しいものを生み出したい、時代をリードしたいときに「１」のパワーを味方につける必要があるでしょう。

このような「１」のパワーをまとうことができれば、引き寄せたいことを、自らたぐり寄せていくことができるようになるはずです。

ライフ・パス・ナンバーとの相性をどうみるか

「１」は、ライフ・パス・ナンバーの「４」とは、価値観の違う組み合わせとなりますが（p.63相性表参照）、自分にない面を引き寄せたいとなると、むしろ相性表では▲や■の感性や価値観の違う組み合わせとなる数字を取り入れる必要が高まります。

自分にない側面を求めるからこそ、新しい数のパワーをまとう必要があるのです。

また、積極的に数字を変えたい、自分が変わりたいと思うときは、自身の中で大きなパワーが渦巻いている証拠。たとえ数字を変えることで課題が増えても、乗り越えていく力が備わってきているタイミングでもあります。そのパワーを本当に自身が望む方向へ発揮させるために、もともと持ち合わせていない数の力を意識することが大切なのです。

ディスティニー・ナンバーとバースデー・ナンバーをみる

バースデー・ナンバーは「７」です。「探究心」「洞察力」「分析力」「集中力」「研究心」「専門性」「スピリチュアリティー（精神性）」が、もともとAさんに備わった強みです。さらに、レーダー・チャートを見ると、「集中力」「持久力」「直感力」「実行力」に強いこともわかるでしょう（p.36参照）。ディスティニー・ナンバーを「１」に設定しても「実行力」には優れていますから、新しいことへの挑戦にもパワーを発揮できるはず。

その代わり「７」には「積極性」や「冒険心」があまりありません。Aさんのライフ・パス・ナンバーである「４」も、この方面のエネルギーが低めです。このふたつの数字にないエネルギーこそ「１」が持っている数の力になりますから、そのパワーを引き寄せられるよう、しっかりと意識していきましょう。

新たな数字をまとうことは、「なりたい自分」になるための近道です。特に今後活動していきたい分野で「なりたい自分」を引き寄せられるのですから、ぜひ有効活用してみてください。

例えば、「自分にとってTwitterは、社会に発信するツールだから、その表示する名前を変更しよう」など、ひとつだけのツールを変更するのもおすすめです。

名前を変えずにディスティニー・ナンバーを変える方法

名前を変えたくない場合は、名前の最後に数字を加えて調整する、という方法をとってもよいでしょう。

例：石川菜々美（ISHIKAWA NANAMI）さんの場合の表記
ディスティニー・ナンバー「７」を
ディスティニー・ナンバー「４」に変更したい場合

石川菜々美さんの場合「７」を「４」にする場合は、「７」に足した合計が13になる数字を加えます。

表記例：【ISHIKAWA NANAMI 6】
７＋６＝１３　１＋３＝４

表記例：【いしかわ ななみ 15】
７＋１＋５＝１３　１＋３＝４

表記例：【石川 菜々美 33】
７＋３＋３＝１３　１＋３＝４

このように、名前の最後に数字を加えて調整すれば、「なりたい自分」の数字を設定できます。

パーソナル・チャート
case.2〈恋愛篇〉

引き寄せたいこと

☑理屈ではなく直感で異性と付き合いたい

☑目に見えない力を味方にしたい

Bさんのパーソナル・チャート

	オリジナル		引き寄せ数秘
ライフ・パス・ナンバー	7	➡	7
ディスティニー・ナンバー	3	➡	*
ソウル・ナンバー	8	➡	【11】
パーソナリティー・ナンバー	9	➡	*
バースデー・ナンバー	22	➡	22

※引き寄せ数字をソウル・ナンバーに絞った場合で説明しています。

オリジナルのパーソナル・チャートを読み解く

オリジナルのパーソナル・チャートは、「自分を知る」ために必須のチャートとなります。ですから、引き寄せたい数字を設定する前に、まずは、自身のオリジナルであるパーソナル・チャートをしっかりと読み解き、その上で引き寄せたいことをじっくり考えていきましょう。

パーソナル・チャートを読み解くときは、まずは全体の数字を眺めることから始めます。Bさんのパーソナル・チャートは、同じ数字がひとつもありません。これは、Bさんにはいろいろな側面があることを示しています。また、ライフ・パス・ナンバーを軸に、ほかのコア・ナンバーズをみていくことが、パーソナル・チャートを読み進めていくポイントとなりますから、まずはライフ・パス・ナンバーから紐解いていきましょう。

「ライフ・パス・ナンバー」とほかのコア・ナンバーズをみる

Bさんのライフ・パス・ナンバーは「７」です。「７」は、物事を深く考えるタイプで、興味のあることはとことん追究したいと思っています。冷静な目で分析し、粘り強く真実を求めるところも。人を簡単に寄せつけない面もあり、疑い深いところがあるのも特徴のひとつだといえるでしょう。

役割を表すディスティニー・ナンバーは「３」で、多くの人に喜びを提供することが使命です。それにはまず、自分自身の人生を楽しむ必要があります。またその生き方を通じて、「人生の喜び」を伝えるナンバーだといえるでしょう。

ライフ・パス・ナンバー「７」との相性を見ると、「感性に違いがあり、足りないところを補い合えば成長できる」となっています（p.63相性表参照）。性質と役割において矛盾を抱えやすいため、進むべき方向性に迷いや葛藤を抱く可能性も。ただ、軸とする部分には共通のものがありますから（p.61参照）、「７」と「３」は頭で考えることは得意な組み合わせです。

ソウル・ナンバーである「８」は、パワーと実行力のある数字です。プライドをしっかりと持ち、常に自分を高めようとするでしょう。なぜなら、心から強くなりたいと望んでいるから。ライフ・パス・ナンバーである「７」とは感性や軸とするものに違いがあります。ですが、どちらも実行力は高いため、「これ」と心が決断したら、静かに、徹底してやり抜く強さがあるでしょう。

パーソナリティー・ナンバーは「９」です。周りからは共感力の高いイメージがあり、おおらかな人という印象を持たれているでしょう。ライフ・パス・ナンバーである「７」とは、かなりタイプが異なります。とはいえ、もともとおとなしい性質ですから、周りの意見を否定せずに聞くという意味では、そこまでイメージと異なる、という印象にはなっていないかもしれません。

バースデー・ナンバーは「22」です。強い意志力がBさんの強みです。一度決めたことは必ず達成するという、覚悟や強みがあります。ライフ・パス・ナンバー「7」にも、徹底的にやり遂げる粘り強さがありますから、この組み合わせはなかなか強力です。ここぞというときには、「7」の軸である精神性や知性を、「22」の軸である現実性が補ってくれるでしょう。

恋愛の引き寄せポイントは「ソウル・ナンバー」

恋愛で理想とする引き寄せパーソナル・チャートを設定するには、「ソウル・ナンバー」を引き寄せたいと思う数字に設定する必要があります。

ただ、名前を変えると、ソウル・ナンバーだけではなく、ディスティニー・ナンバーやパーソナリティー・ナンバーも、自動的に変わる可能性が出てきます。とはいえ、恋愛における運を引き寄せたいわけですから、最初からほかのナンバーを気にするのはやめましょう。まずは「ソウル・ナンバー」を理想の数字にしていくことが大切です。

ソウル・ナンバーを「8」から「11」へ

Bさんは、「理屈よりも直感を大切にし、目に見えない力を味方にしたい」と思っています。オリジナルであるBさんの魂の欲求を表すソウル・ナンバーは「8」ですから、どうしても現実的になりがちですし、相手を支配したいと望んでしまうところがあります。そのような強さが、相手の重荷になってしまうこともあるでしょう。なかなか素直になれず、恋が短命に終わってしまったことがあるかもしれません。

その点、目に見えないものを大切にする「11」のように、もっと本能のまま「好き」という気持ちに従えば、現状を変えられるきっかけとなりそうです。

Bさんの核となるライフ・パス・ナンバーの「7」や、バースデー・ナンバーの「22」は、社交性や共感力が低めな数字であることからも、恋愛に関しては、できればもう少しやわらかい要素が加わるのが理想ですし、理屈ではなく直感を大事にしたいのであれば、やはり「11」に設定するのが最適だといえるでしょう。「11」のパワーを心にまとうことができれば、引き寄せたい恋をきっとたぐり寄せていくことができるようになるはずです。

ライフ・パス・ナンバーとの相性をどうみるか

「11」と、ライフ・パス・ナンバーの「7」は、相性表では△となり（p.63相性表）、どこか似通っているものを持っていて、バランスのよい組み合わせとなります。恋愛面においては、すでに恋愛観が反映されているライフ・パス・ナンバーとのバランスをとることも大切です。考え方や資質（ライフ・パス・ナンバー）と、「こう感じたい」という本能的な要求（ソウル・ナンバー）が同調しているほうが、自身の魅力をスムーズに発揮できるでしょう。

相性表を見て、自身のライフ・パス・ナンバーと同調しやすい数字を選ぶのも、ひとつの方法となります。ですから、そういった意味でも「11」を選ぶのは最適といえるでしょう。

ソウル・ナンバーとバースデー・ナンバーをみる

バースデー・ナンバーは「22」です。Bさんのもともとのソウル・ナンバーは「8」ですから、どちらも現実的で、パワーの強い数字となります。そのため、どうしても頑固になりすぎてしまう傾向が現れやすいでしょう。

ソウル・ナンバーを「11」に変えれば、「8」と「22」にはあまりない共感力を、より自然な形で意識できるようにもなるでしょう。「22」は、パワフルな数字ですが、マスター・ナンバーでもありますから、スピリチュアルな感性も内包します。そのため、「11」とも通じる感性がありますから、同調できる面もあります。「22」の意志力を大事にしながら、「11」の直感力、繊細さを上手に引き寄せていきましょう。

新たな数字を心にまとうことは、理想の恋を引き寄せる近道になります。ぜひ恋における「なりたい自分」になるために、有効活用してみてください。例えばLINEなど、プライベートなやり取りに表示する名前などを変えてみるのはいかがでしょうか。

名前を変えずにソウル・ナンバーを変える方法

ソウル・ナンバーは、氏名をアルファベットにしたときの母音を用いるので、望むナンバーにしたい場合は名前を新たに設定することになります。

ただ、フルネームでの表示、苗字を入れない名前だけ、ニックネームをそのまま生かしたいなど、表示する名前自体にこだわりがある場合は、名前の最後に数字を加えて調整する、という方法もあります。

例：近藤もも子（KONDO MOMOKO）さんの場合の表記
ソウル・ナンバー「3」を
ソウル・ナンバー「9」に変更したい場合

表記例：フルネーム【近藤 もも子 24】
3＋2＋4＝9

表記例：名前だけ【Momoko】
Momokoを変換すると
➡**ソウル・ナンバー**＝9

表記例：ニックネーム【ももちゃん 5】
ももちゃん→Momochan
Momochanを変換すると
➡**ソウル・ナンバー**＝4
4＋5＝9

このように、名前の最後に数字を加えて調整すれば、「なりたい自分」の数字を設定できます。

母音を使わない場合は数字を入れる

ソウル・ナンバーはアルファベットの母音「A、I、U、E、O」を用いて算出します。そのため母音を使用せずにアルファベット表記をした名前の場合は、数字がカウントされません。

ソウル・ナンバー「0」は基本的に存在しませんので、表記には数字を一緒に取り入れることが必要です。イニシャルなどを使ってソウル・ナンバーの引き寄せをしようと考えた場合などに注意しましょう。引き寄せ数秘を有効に活用するためには、数のエネルギーを取り入れる必要があります。イニシャルに母音が含まれていない場合は、ぜひ数字を取り入れて表記名を調整していきましょう。

例：KONDO MOMOKOの【KM】だけを使う場合

KMを変換すると

ソウル・ナンバー＝0になってしまうため、

KMの最後に9をプラスする

表記例：イニシャル【KM 9】

0＋9＝9

➡ソウル・ナンバー＝9

パーソナル・チャート case.3〈結婚篇〉

引き寄せたいこと

☑愛ある関係を大事にし、大切なものを守りたい

Cさんのパーソナル・チャート

	オリジナル		引き寄せ数秘
ライフ・パス・ナンバー	2	➡	2
ディスティニー・ナンバー	9	➡	*
ソウル・ナンバー	5	➡	【6】
パーソナリティー・ナンバー	5	➡	*
バースデー・ナンバー	2	➡	2

※引き寄せ数字をソウル・ナンバーに絞った場合で説明しています。

オリジナルのパーソナル・チャートを読み解く

これまでのチャート例と同様に、まずはオリジナルのパーソナル・チャートを読み解くことが、「自分を知る」ために必須となります。ですから、引き寄せたい数字を設定する前に、自身のオリジナルであるパーソナル・チャートをしっかりと読み解き、その上で引き寄せたいことをじっくり考えていきましょう。

パーソナル・チャートで、まずはすべての数字を眺めてみましょう。Cさんのパーソナル・チャートは「2」と「5」がふたつあるため、Cさんは「２」と「５」の要素が強いと読み解くことができます。

チャートを読み解く際、ライフ・パス・ナンバーを軸にほかのコア・ナンバーズをみていきますが、その軸となるライフ・パス・ナンバーの数字が「２」ですから、そこはひとつ大きな注目ポイントです。「５」の要素も濃いのですが、ライフ・パス・ナンバーはコア・ナンバーズの中でも「メイン」の数字ですから、やはり「２」の傾向が色濃く反映すると読み解く必要があるでしょう。Cさんは「２」の長所・短所とも強調されやすいといえます。

まずはそのライフ・パス・ナンバーから、オリジナルのチャートを紐解いていきます。

「ライフ・パス・ナンバー」とほかのコア・ナンバーズをみる

Cさんのライフ・パス・ナンバーは「２」です。「２」は、周りとの調和を大切に考え、相手に歩み寄り、また必要があればサポートを惜しまないタイプ。つい過干渉になってしまうこともあります。自分の意見より相手の意見を尊重するところがあり、我慢しすぎると気がつかないうちにストレスをためてしまう可能性も。

役割を表すディスティニー・ナンバーは「９」で、たくさんの人の幸せを願い、社会に貢献することを使命としています。奉仕活動などにも向いており、弱者を守る働きかけをしたり、またカウンセラーやセラピストなど、高い共感力を生かす仕事に就いたりする場合もあるでしょう。

ライフ・パス・ナンバー「２」との相性を見ると、「似通っているものを持ち、バランスのよい組み合わせ」となっています（p.63相性表参照）。「２」のもつ性質と「９」が示す役割に矛盾を感じにくく、また軸においても通じるところがあるため（p.61参照）、仕事にやりがいを感じやすく、自身の才能を比較的スムーズに発揮しやすいといえそうです。

ソウル・ナンバーである「５」は、自由と変化を好む数字です。惹かれるものへ素直に反応し、大胆にチャレンジしていく、そんな生き方を心の奥底で求めているといえるでしょう。ライフ・パス・ナンバーである「２」とは、感性や軸とするものに違いがあります。そのため、性質と本音ではズレが生じやすく、そこが自分でもなかなか折り合いをつけにくいところとなっていそうです。「仕事では満足感を持てるのに、プライベートではなぜかうまくいかない」ということも、このオリジナルのパーソナル・チャートでしたらあり得るでしょう。

パーソナリティー・ナンバーは「5」です。Cさんは、周りからは自由を謳歌しているように見られがちでしょう。ライフ・パス・ナンバーである「2」とは、ずいぶんイメージが異なるため、ストレスやモヤモヤがたまるかもしれません。なぜなら自分には「5」のような大胆さはあまりなく、むしろ保守的な要素のほうが強いと感じているからです。ただし、ソウル・ナンバーは同じ「5」ですから、本音を出しやすい身近な人にほど「5」のイメージを持たれるということに、どこかでは納得しているかもしれません。

バースデー・ナンバーは「2」です。協調性を持っていることがCさんの強みです。問題が起きたとき、相手の心に寄り添う優しさを持っています。ライフ・パス・ナンバーも同じ「2」ですから、繊細な思いやりを存分に発揮できるタイプでしょう。サポート力は抜群ですから、Cさんがいることによって、助かっていると感じる人も多いはずです。

結婚の引き寄せポイントは「ソウル・ナンバー」

恋愛もそうですが、結婚においても、理想とする引き寄せパーソナル・チャートを設定するには、「ソウル・ナンバー」を引き寄せたいと思う数字に設定する必要があります。

ただ、名前を変えると、ソウル・ナンバーだけではなく、ディスティニー・ナンバーやパーソナリティー・ナンバーも、自動的に変わる可能性が出てきます。とはいえ、結婚における運を引き寄せたいわけですから、最初からほかのナンバーを気にするのはやめましょう。まずは「ソウル・ナンバー」を理想の数字にしていくことが大切です。

ソウル・ナンバーを「5」から「6」へ

Cさんは、結婚において「愛ある関係を大事にし、大切なものを守りたい」と考えています。Cさんの内なる声、心の奥底で求めていることを表すオリジナルのソウル・ナンバーは「５」ですから、相手を「想う」というよりは、自分の心が赴くまま自由奔放にしがちです。特に人生の岐路に立ったとき、ソウル・ナンバー「５」の自由を追い求める気持ちを優先させたくなるでしょう。

そのままでは、Cさんの理想である「愛の形」に近づくことはなかなか難しそうです。また、「大切なものを守る」という感覚を持てない可能性が高いでしょう。

気ままに生きていくことも魅力的ですが、相手があってこその結婚ですから、特に「愛ある関係を大事にし、大切なものを守りたい」という気持ちが強いなら、ソウル・ナンバーは「６」に設定するのが最適といえそうです。「６」のパワーを心にまとうことができれば、母性的な愛情が芽生えやすく、大切な人に尽くすことの喜びを、よりいっそう感じることができるようになるでしょう。

ライフ・パス・ナンバーとの相性をどうみるか

引き寄せ数秘で設定した「６」と、ライフ・パス・ナンバーの「２」は、相性表では♡となり、似ている価値観を持っている組み合わせとなります（p.63相性表参照）。

結婚や愛情面全般においては、すでに恋愛・結婚観が反映されているライフ・パス・ナンバーとのバランスをとることも大切です。考え方や資質、どう生きるかという道筋（ライフ・パス・ナンバー）と、「こう感じたい」という本能的な要求（ソウル・ナンバー）が同調しているほうが、愛情表現をスムーズにすることができ、家庭内の愛情が満たされやすいといえます。

相性表を見て、自身のライフ・パス・ナンバーと同調しやすい数字を選ぶのも、ひとつの方法となります。ですから、そういった意味でも「６」を選ぶのは最適といえるでしょう。

ソウル・ナンバーとバースデー・ナンバーをみる

Cさんのバースデー・ナンバーは「２」です。「６」と「２」の組み合わせは、相性表で♡となりますから、矛盾や葛藤などがありません（p.63相性表参照）。

「２」は相手にそっと寄り添う優しさが強みですが、「６」が加わることで、積極的に寄り添う姿勢に変わってきます。家族の喜ぶ姿が見たいということが意識下での望みになるので、寄り添うことにプラスして、包み込む愛情が芽生えてくる、といった感じでしょうか。

また「６」には正義感もあるため、「ダメなことはダメ」と伝える厳しさも持っています。愛を守る、また愛を育てるためには、優しさと同時に厳しさを持つことも大切だ、ということを学べる組み合わせともいえるでしょう。

恋愛だけのときより、結婚のほうが相手との距離が近くなります。そのときにどうなりたいか、一歩踏み込むことを想定し、結婚を理想の形にするため、そうなりたいと思う数のエネルギーを引き寄せていきましょう。

パートナーのナンバーに同調する数字を選ぶ

結婚運に関する引き寄せ数秘は、前述した通り、自分が「どうなりたいか」を想定し、自分のパーソナル・チャートに照らしながら、ソウル・ナンバーの数字を設定することが基本です。

ですが、「ケンカばかりしている」「話し合うとどうしてもかみ合わない」などと感じることが多く、「相手の考えていることをもっと理解したい」「相手の気持ちに寄り添いたい」と思う場合は、パートナーと同調する数字を設定するのがおすすめです。

基本的な性質を表す「ライフ・パス・ナンバー」に同調する数字を選ぶのもよいですし、相手の本音である「ソウル・ナンバー」に同調する数字に合わせるのもよいでしょう。

自身の「ライフ・パス・ナンバー」と、相手の「ライフ・パス・ナンバー」「ソウル・ナンバー」の数のエネルギーをよく理解し、バランスを考えながら設定していきましょう。

※名前を変更せずにソウル・ナンバーを変える場合の方法と、その際の注意点については、case.2（p.178）に紹介しています。

パーソナル・チャート
case.4〈なりたい印象篇〉

引き寄せたいこと

☑そばにいるだけで癒される存在になりたい
☑まるでヒーラーのような雰囲気をまといたい

Dさんのパーソナル・チャート

	オリジナル		引き寄せ数秘
ライフ・パス・ナンバー	33	➡	33
ディスティニー・ナンバー	1	➡	*
ソウル・ナンバー	9	➡	*
パーソナリティー・ナンバー	4	➡	【33】
バースデー・ナンバー	11	➡	11

※引き寄せ数字をパーソナリティー・ナンバーに絞った場合で説明しています。

オリジナルのパーソナル・チャートを読み解く

オリジナルのパーソナル・チャートは、「自分を知る」ために必須のチャートです。このチャートを掘り下げることで、まだ気づいていない自分を見出すこともあります。そのため、引き寄せたい数字を設定する前に、まずは、自身のオリジナルであるパーソナル・チャートをしっかりと読み解く必要があります。その上で引き寄せたいこと、引き寄せたい数字についてじっくり考えていきましょう。

まずは、全体の数字を眺めることから始めます。Dさんのパーソナル・チャートは、同じ数字がひとつもありませんから、Dさんにはいろいろな側面があると読み解くことができます。また、コア・ナンバーズは、ライフ・パス・ナンバーを軸にみていくことがポイントです。まずはそのライフ・パス・ナンバーから紐解いていきましょう。

「ライフ・パス・ナンバー」とほかのコア・ナンバーズをみる

Dさんのライフ・パス・ナンバーは「33」です。「33」は、現実的・物質的なものより、目に見えないものを大切にする傾向があります。狭い視点ではなく、広い視野で物事を捉えることができ、無条件の愛で包み込む、そんな独特な包容力を持っているのが特徴です。飄々《ひょうひょう》としているところもあり、天然さも持ち合わせています。人の話を聞いているようで聞いていない、そんな一面もあるでしょう。

役割を表すディスティニー・ナンバーは「1」です。勇気を持って前に進むこと、自ら一歩踏み出すことを使命としています。まだ誰も歩んだことのない道に、自ら足跡を残していくナンバーです。ライフ・パス・ナンバー「33」との相性を見ると、「違う価値観を持った組み合わせ」となっています（p.63相性表）。また軸とするものが異なるため（p.61参照）、自身の役割を果たしていくことに、やりづらさや葛藤を感じやすいかもしれません。とはいえ、「33」の絶大なる癒しのパワーを生かし、新たな道を切り開くことができる組み合わせともいえるでしょう。

ソウル・ナンバー「9」は、平和を強く望み、些細なことでも争いを好まない数字です。異なる考え、異質な文化なども受け入れる器があり、理解しようという柔軟性があります。ライフ・パス・ナンバーである「33」とは似通っているものを持ち、バランスのよい組み合わせですから、本質と本音の間にもあまりギャップがなく、比較的思うままに生きやすいといえるでしょう。

パーソナリティー・ナンバーは「4」です。周りからは、まじめで信用のおける人、誠実で頼りになる人というイメージを持たれていそうです。安定感はあるのですが、やや堅い印象も否めません。ライフ・パス・ナンバーである「33」とは、相性や軸となるものがかなり異なります。そのため、Dさんの性質とDさんを見る周りの印象には、大きなギャップがあるといえるでしょう。

バースデー・ナンバーは「11」です。直感力や感じ取る力が強みとなります。Dさんは、理性ではなく、本音の感覚が訴えてくることを素直に選択するという武器があるのです。ライフ・パス・ナンバーの「33」とは、軸となるものも同じ、もしくは近く、同じマスター・ナンバー同士でもありますから、スピリチュアルな感性においても通じるところがあります。そのためDさんは、その強みをスムーズに発揮しやすいタイプだといえるでしょう。

印象の引き寄せポイントは「パーソナリティー・ナンバー」

オフィシャルな場面において人からどんな印象で見られたいか、どんな役割を周囲から期待されたいかという、なりたい印象で理想とする引き寄せパーソナル・チャートを設定するには、「パーソナリティー・ナンバー」を引き寄せたいと思う数字に設定する必要があります。

ただ、氏名を変えると、パーソナリティー・ナンバーだけではなく、ディスティニー・ナンバーやソウル・ナンバーも、自動的に変わる可能性が出てきます。とはいえ、なりたい印象を変えたい場合は、明確に引き寄せたいことが決まっているわけですから、最初からほかのナンバーを気にするのはやめましょう。まずは「パーソナリティー・ナンバー」を理想の数字にしていくことが大切です。

パーソナリティー・ナンバーを「4」から「33」へ

Dさんは、「まるでヒーラーのように、そばにいるだけで癒やされたい」と周りの人に思って欲しいと願っています。オリジナルであるDさんの印象を表すパーソナリティー・ナンバーは「4」ですから、そのような要素はあまり持ち合わせていません。「4」は、少し堅いイメージがありますから、癒しというやわらかい印象ではなく、秩序をもたらすような、きっちりしているイメージでしょう。

「ヒーラーのように周囲を癒やす人」という印象を引き寄せたいなら、やはりスケールが大きくスピリチュアルな感性が高い「33」が合っています。「33」のパワーをまとうことができれば、引き寄せたいイメージを叶えることができるようになるはずです。

ライフ・パス・ナンバーとの相性をどうみるか

どちらも「33」となりますから、自身の持つ性質＝印象となります。もともと持っている「33」の豊かな感性やピュアな魅力、ヒーリング力などがそのまま印象にも現れてきますから、自分が感じる自身の性質と周りの反応も一致してくるはず。

これまでの堅いイメージが払拭されると、「厳しそう」「古風でまじめそう」という、今まで持たれがちだった印象によってモヤモヤを抱えていた部分が、きっと解消していくのを感じるでしょう。

ライフ・パス・ナンバー、パーソナリティー・ナンバーのどちらも同じマスター・ナンバーですから、スピリチュアルなイメージも強くなります。もしかしたら、「ほかの人にはない特別なものを感じる」と周囲に思わせることができるかもしれません。奉仕関係の活動や、セラピストやヒーラー、もしくは何か専門的なことをやっているならば、そのイメージを高めるためにも、「33」はおすすめだといえるでしょう。

パーソナリティー・ナンバーとバースデー・ナンバーをみる

バースデー・ナンバーは「11」です。「33」と「11」の組み合わせは、相性表で△となりますから、似通っているものを持ち、バランスのよい組み合わせとなります(p.63相性表)。

また、軸となるものも同じ、もしくは近く(p.61参照)、同じマスター・ナンバーでもありますから、スピリチュアルな感性においても共鳴しやすいところがあるでしょう。共に直感力・共感力の高い数字ですし、「33」の印象が加わることによって、実行力や積極性も増すイメージです。求めている印象を高めるには、「33」は、まさにおすすめのナンバーといえます。

「どう見られたいか」は、「なりたい自分」になるための第一歩といってもよいかもしれません。「第一印象は数秒で決まる」などといわれ、周囲に与える印象というのは思った以上に、自分や人間関係に影響を及ぼしているものです。

なりたい数のエネルギーをまといたいのであれば、このパーソナリティー・ナンバーはけっこう重要。自身のキャラクターをどのように設定するか、じっくり考えることが大切だといえます。

case.4は、なりたい自分のイメージが、もともと持っている性質と同調していたため、ライフ・パス・ナンバーと同じ数字の設定になりましたが、自身の性質と異なるイメージを持たせたいなら、思い切って真逆の引き寄せたい数字を選択していきましょう。特にＳＮＳ上では、新たなキャラクターを設定し、楽しむこともできるはずです。印象と実際の性質にギャップがあることが、また新たな魅力につながる可能性が十分にあるでしょう。

子音を使わない場合は数字を入れる

パーソナリティー・ナンバーは、アルファベットの子音を用いて算出します。そのため子音を使用せずにアルファベット表記をした場合は、数字がカウントされません。

数秘術では通常「０」を使用することがありません。しかし、氏名が母音のみで構成されている場合、パーソナリティー・ナンバーで「０」が出てきてしまうことがあります。その場合はパーソナリティー・ナンバー「０」として、その印象を読み解いていくことになります（p.190参照）。

「なりたい印象」に数字を設定する場合は、数のエネルギーを味方につけたいため、表記名に数字を取り入れて調整していきましょう。

例：大井あい（ＯＩ ＡＩ）さんの場合の表記

子音がないため、パーソナリティー・ナンバー「０」になる

表記例：【ＯＩ ＡＩ】【ＡＩ】だけ

パーソナリティー・ナンバーが、そのまま「０」になる
そのため、そのままの名前を生かしたい場合は
ＡＩの最後に数字をプラスし調整する

「8」に変更したいなら

➡【OI AI 8】

【AI 17】など

もちろん表記名そのものを変えるのもＯＫ

パーソナリティー・ナンバーが0となる場合

先ほどの例のように、オリジナルのパーソナリティー・ナンバーが0となる場合、どんなことがいえるでしょうか。

0は「あの世」を示す数字で、文字通り、「何もない」「存在しない」といった意味を表しています。

そのため、霊的な感覚、スピリチュアルな感覚にもつながっていると考えられ、パーソナリティー・ナンバーとしては、透明感のある人、と捉えどころがなく不思議な魅力をまとった人、といったイメージにつながるといえるでしょう。

パーソナル・チャート

case.5〈仕事＋なりたい印象篇〉

引き寄せたいこと

☑仕事を通じて豊かさを手に入れ、信頼できる人と思われたい

Eさんのパーソナル・チャート

	オリジナル		引き寄せ数秘
ライフ・パス・ナンバー	3	➡	3
ディスティニー・ナンバー	11	➡	【8】
ソウル・ナンバー	22	➡	*
パーソナリティー・ナンバー	3	➡	【4】
バースデー・ナンバー	3	➡	3

※引き寄せ数字をディスティニー・ナンバーとパーソナリティー・ナンバーに絞った場合で説明しています。

オリジナルのパーソナル・チャートを読み解く

これまで解説してきたパーソナル・チャートのケースと同じように、まずはオリジナルのパーソナル・チャートを読み解き、「自分を知る」ことが大切です。引き寄せたい数字を設定する前に、自身のオリジナルであるパーソナル・チャートを丁寧に掘り下げ、本来の自分について理解を深めてください。その上で引き寄せたいことをじっくり考えていきましょう。

パーソナル・チャートを読み解くときは、まずは全体の数字を眺め

ることから始めます。

Eさんのパーソナル・チャートは「3」が3つありますから、Eさんには「3」の要素が強いと読み解くことができます。

また、コア・ナンバーズを順に掘り下げるときには、ライフ・パス・ナンバーとの関係性も併せて読み解くことが大切です。相性表（p.63参照）や考え方の軸となるもの（p.61参照）などを確認しながらみていきましょう。コア・ナンバーズの中でもメインとなるライフ・パス・ナンバーも「3」ですから、Eさんは「3」という数のエネルギーがよくも悪くも色濃く反映していると読み解けます。

「ライフ・パス・ナンバー」とほかのコア・ナンバーズをみる

Eさんのライフ・パス・ナンバーは「3」です。「3」は、物事を楽観的に捉えることができるタイプ。楽しみながら軽やかに人生を歩んでいけるでしょう。

明るくてユーモアがあり、社交性にも富んでいるため、いつも賑やかなイメージがあります。ただ「面白くない」と感じると、すぐにフェードアウトしてしまうのも特徴。気まぐれで飽きっぽいところは否めません。

役割を表すディスティニー・ナンバーは「11」で、多くの人に「気づき」を与える使命があります。それは、たくさんの人の人生がよい方向へ動き出すよう何かを促す仕事かもしれませんし、美や芸術に関わるアーティストとして何かを発信するのかもしれません。

ライフ・パス・ナンバー「3」との相性を見ると、「3」と「11」は「似通っているものを持ち、バランスのよい組み合わせ」となっています。Eさんの生み出すものは、ウイットに富んでいてどこかユーモアがあり、発信力の高いものとなりそうです。性質と役割がよい形で結実し、世に出る可能性も高いでしょう。

ソウル・ナンバーである「22」は、とてもパワフルで意志の強い数字です。理不尽なことは許せず、正義に燃える心を大事にし、少しでも状況がよくなるよう奔走する、そんな熱血ともいえる想いを心の奥底に抱えているでしょう。

ライフ・パス・ナンバーである「3」とは、価値観や軸とするものに違いがあります。軽やかな風のような性質と、熱い火のような本音では葛藤が生じやすく、どちらが本当の自分なのか迷うことも出てきそうです。

パーソナリティー・ナンバーは「3」ですから、Eさんには、場を明るくし、いつも活力を与えてくれる、そんなイメージがあります。ライフ・パス・ナンバーも同じ「3」ですから、性質＝印象となり、Eさんはイメージ通りの人でしょう。ただし「3」のイメージが強すぎると、華やかでよいのですが、気まぐれなお調子者と見られてしまうことも。大事なことより楽しいことを優先しているように周囲が感じやすく、不本意ながら、責任感不足だと思われてしまうこともありそうです。

バースデー・ナンバーは「3」です。「なんとかなるさ」という楽観性が強みとなります。ライフ・パス・ナンバーも同じ「3」ですから、フットワークの軽さや、情報キャッチ能力に磨きがかかり、チャンスをつかむ能力も高いでしょう。人生を楽しむ力も強いはずです。

引き寄せナンバーをふたつ設定する

今回のケースは、「仕事」と「なりたい印象」をどちらも引き寄せたいという例です。

この場合、理想とする引き寄せパーソナル・チャートを設定するには、「ディスティニー・ナンバー」と「パーソナリティー・ナンバー」を引き寄せたい数字に設定することが必要です。

ディスティニー・ナンバーは社会的な役割や使命を示し、パーソナリティー・ナンバーは公の場における印象を示すナンバーです。仕事においてその役割と印象を変えたいわけですから、その目的を最初にはっきりさせる必要があります。ナンバーをふたつ変えることで、相乗的に数のパワーを引き寄せることができるでしょう。

もちろん名前を変えると、ソウル・ナンバーも自動に変わる可能性が出てきますが、ここでは「仕事」と「なりたい印象」を変えたいということで設定していきますから、まずは、このふたつのナンバーを理想の数字にしていくことが大切です。

ディスティニー・ナンバーを「11」から「8」へ

Eさんは、「豊かさを手に入れて、信頼できるイメージをつけたい」と思っています。オリジナルであるEさんの役割を表すディスティニー・ナンバーは「11」です。もちろん「11」の役割を全うし、豊かさを手に入れることは可能です。

ただ、Eさんの「今」求めている豊かさが、例えば、経営者として難しいミッションをクリアし、それによってたくさんの人に利益を還元していくことだったり、タフさや実行力といった強いパワーが欲しいということだったり、または大きなお金を動かし、裕福さにつなげたいということであれば、やはり「８」のエネルギーが必要だといえるでしょう。

パーソナリティー・ナンバーを「3」から「4」へ

Eさんの印象を表すパーソナリティー・ナンバーをオリジナルの「３」から「４」にすることは、「信頼できるイメージを持たれたい」というEさんの意向に沿ったものになります。「４」は「３」のような軽快で快活なイメージはありませんが、信頼のおける安定したイメージを持つ数字です。

「４」の持つどことなく保守的でまじめな印象をまとうことで、周囲から「信頼のおける人」「Eさんに任せておけば大丈夫」といった評価を受けやすくなるでしょう。

仕事における「8」と「4」の組み合わせについて

Eさんの希望は、「仕事を通じて豊かさを手に入れ、信頼できる人と思われたい」というものです。それに見合った数字が、今回設定した「８」と「４」です。

「８」をディスティニー・ナンバーに持つことで、権力のある立場を自ら引き寄せにいくことにつながり、その権力を行使していく使命を引き寄せることになります。高みを目指すことで、成長できる数字でもありますから、タフでなければ乗り越えるのは難しいでしょう。

また、「４」をパーソナリティー・ナンバーに持つことは、自ら信頼を勝ち取りにいくことであり、コツコツと努力をしていく姿を自ら意識し、作っていくことになります。

このふたつの数字は、相性表（p.63参照）や考え方の軸となるもの（p.61参照）を見てもわかるように、とても価値観の近い組み合わせです。どちらも現実的な視点を持っており、努力を惜しまないところが共通しています。

「８」の使命を果たすときには、「４」の印象がますます強まりますし、「４」のイメージから「８」の働きぶりを見たときにも、納得させられるものとなるでしょう。

この引き寄せの組み合わせは、まじめで計画性のある人と思われ（パーソナリティー・ナンバー「４」）、ミッションをタフに遂行できる使命をもつ人物（ディスティニー・ナンバー「８」）として活躍できる数字といえるでしょう。

ライフ・パス・ナンバーとの相性をどうみるか

引き寄せ数秘術で設定したディスティニー・ナンバー「８」は、ライフ・パス・ナンバーの「３」とは、価値観の違う組み合わせとなります。自身の性質とは違った価値観で使命を果たしていくわけで、そこには葛藤が生まれやすくなります。

ただ、自分の引き寄せたいエネルギーが自分のディスティニー・ナンバーにない場合は、たとえライフ・パス・ナンバーと価値観が違っても、引き寄せる必要があるでしょう。その力が欲しいというときは、そのエネルギーが自身にとって必須だということ。それによって試練が訪れたとしても、乗り越えていく価値があり、その試練によって成長できるときでもあるのです。

引き寄せ数秘術で設定したパーソナリティー・ナンバー「４」も、ライフ・パス・ナンバーの「３」とは、価値観の違う組み合わせとなります。とはいえ、自身の性質と異なる印象を与えたいなら、思い切って変えるのも戦略のひとつ。特に最初のイメージは大事ですから、「信頼できそうな人」という印象を与えたいなら、そのイメージに沿う数字を選択する必要があるでしょう。印象と実際の性質にギャップがある場合、えてしてそれが魅力につながることもあります。

バースデー・ナンバーとの関係をどうみるか

引き寄せ数秘術で設定したディスティニー・ナンバー「８」は、バースデー・ナンバーの「３」とは、価値観の違う組み合わせとなります。また、引き寄せ数秘術で設定したパーソナリティー・ナンバー「４」も同様に、価値観の異なる組み合わせです。

バースデー・ナンバー「３」の持つ楽観性や社交性、表現力といった強みは、「８」と「４」のエネルギーにおいては、相反するようなイメージがあり、「３」の武器が十分に生きないのではないか、という懸念も出てくるでしょう。

ですが、Eさんはバースデー・ナンバーだけではなく、ライフ・パス・ナンバーにも「３」を持っていますから、「３」の要素はこのふたつのコア・ナンバーズで十分に引き出されている、と考えることもできます。

ですから、現実的で権力を勝ち取る使命を持つ「８」と、あえて少し堅いイメージのある「４」をそれぞれ選択し、タフな精神力と誠実さを仕事の場でアピールしていくことは、よい選択のひとつだといえます。

このcase.5では、〈仕事＋なりたい印象〉を組み合わせた引き寄せを解説しました。仕事や社会的な役割について引き寄せをしたい場合、主にオフィシャルな場での印象を左右するパーソナリティー・ナンバーも、同時に検討してみるとよいでしょう。

コア・ナンバーの組み合わせは、これだけでなく、例えば、〈恋愛＋なりたい印象〉というように、ソウル・ナンバーとパーソナリティー・ナンバーを組み合わせることも可能です。

いずれにしても、「どうなりたいか」「何を引き寄せたいか」をしっかりイメージし、「目的を最初にはっきりさせる」必要があります。

欲張って〈仕事＋恋愛＋なりたい印象〉をすべて組み合わることも可能ですが、ただやみくもに数字だけを設定するのではなく、やはり、「はっきりとしたゴールを設定する」ことが大事。もし、一度にすべてを引き寄せたいと本気で願うなら、数字はそのエネルギーを引き寄せてくれるはずです。

数字に合わせるよう頑張って設定しなくても、ふと「こんな名前にしたい」とひらめいたり、迷いなく名前がスムーズに決定したりする場合は、結果的にその表記名が、自身の望む数のエネルギーとぴったり一致することもあります。

そんなときは、まるで数字のほうから、「そうしたほうがよい」「そうすべきなんだ」と、引き寄せを促してくれたかのように感じるでしょう。

数のパワーを身近に感じる引き寄せ行動

コア・ナンバーズは変えずに行う「引き寄せ」

コア・ナンバーズの引き寄せでは、ディスティニー・ナンバー、ソウル・ナンバー、パーソナリティー・ナンバーを変えることによって、やりたい仕事や役割、愛のパワー、なりたいキャラクターを引き寄せる方法をお伝えしました。

ただ、コア・ナンバーズに矛盾を抱えているチャートの場合でも、もともと持っている自分の数字を変えずに生かしたい人もいるでしょう。また、3つのナンバーを変えたけれど、さらにほかの部分でも数のパワーを引き寄せたいと思っている人がいるかもしれません。

ここでは、コア・ナンバーズには触れない、身近に存在する数字を使った数秘の引き寄せについて解説します。

周りには数字があふれている

私たちの周りは、たくさんの数字であふれています。

数字を意識するようになると、これまで無意識に関わっていた数字がこんなにもあるのか、ということに気づかされます。さらに、数の持つエネルギーを理解するにつれ、数字が単なる記号ではなく、パワーとメッセージに満ちたものだ、ということがわかるようになってくるでしょう。

まず、身近にある数字を探してみてください。

なぜか、いつも関わる数字が見つかったり、縁のある数字が浮かび上がってきたりといった新鮮な発見はありませんか。住む部屋の部屋番号やオフィスの階数、携帯電話の番号、車のナンバー、出席番号、社員番号などなど。その数字が、自身にとって大事な気づきを促してくれるきっかけになることもあります。縁の深い数字が見つかったら、ぜひ数のエネルギーに目を向けてみましょう。

好きな数字とラッキーナンバーの考え方

自身に縁が深いかどうかは別にして、そもそも「好きな数字」がある、という人もいるでしょう。好きというエネルギーは、とても高いピュアな波動です。その数字が好きということは、自身がその数のエネルギーと同調しているともいえますから、数字のポジティブな側面が自身を輝かせてくれている可能性があります。

また、ラッキーナンバーがある場合、その数字が自分にとって嬉しいことを引き寄せると認識しているので、自身にとっては間違いなく「開運数字」といえるでしょう。この数字を見るとよいことが起こるとか、この数字に関連することがあると物事がうまく進むなど、その数字のプラスの側面を、無意識に引き寄せている可能性もあります。

この「好きな数字」「ラッキーナンバー」を、これからは身近なものに、もっと意識的に取り入れていくと、より速いスピードで幸運を引き寄せることができるかもしれません。

苦手な数字の捉え方

「苦手な数字」がある、という人もいるでしょう。はっきり苦手と意識しているわけではないけれど、なんとなく好きじゃないとか、積極的に取り入れたいと思わない――そんな数字がある人もいます。

苦手な数字は、その数字のネガティブな側面が、自身の認めたくないウィークポイントだったり、向き合うのが難しい課題だったり、自身の不足しているところにつながっている可能性があります。

それが変えられない数字だったり、どうしても避けるのが難しかったりする場合は、その数字の課題に取り組む必要がありますが、引き寄せたい数のエネルギーをたくさん身近に置くことで、マイナスを補い、プラスのパワーを作り出していくことが可能です。

日常的に関わっている数字を意識する

携帯番号と部屋番号

身近にある数字で、すぐに思いつくのは、携帯や部屋の番号ではないでしょうか。毎日の生活で密接に関わっている数字になりますから、数から受けるエネルギーも大きいといえます。早速、携帯番号と部屋番号をチェックしてみましょう。ただし、部屋の番号がない場合は、番地の数字で計算してください。

数秘術の基本は数字を還元することです。すべての数字を1桁に分解し、すべて加算してから、1桁の数字か、11、22、33のマスター・ナンバーになるまで分解して加算をしましょう。

例：携帯番号が「０９０－５３８９－２１６３」の人の場合

① 構成しているすべての数字を1桁に分解します。

０、９、０、５、３、８、９、２、１、６、３

② すべて加算します。

０＋９＋０＋５＋３＋８＋９＋２＋１＋６＋３＝４６

③ 加算した合計が1桁の数字か、11、22、33になるまで分解して加算します。

４６→４＋６＝１０

１＋０＝１

例：部屋番号が「１２０９」の人の場合

① 構成しているすべての数字を1桁に分解します。

１、２、０、９

② すべて加算します。

１＋２＋０＋９＝１２

③ 加算した合計が１桁の数字か、11、22、33になるまで分解して加算します。

１２→１＋２＝３

例：番地が「○○・××・△△３－７－２９」の人の場合

① 構成しているすべての数字を１桁に分解します。

３、７、２、９

②すべて加算します。

３＋７＋２＋９＝２１

③ 加算した合計が１桁の数字か、11、22、33になるまで分解して加算します。

２１→２＋１＝３

この場合、携帯番号が「１」のエネルギーを帯び、部屋番号（番地）が「３」のエネルギーを帯びているのがわかります。

コミュニケーション手段のひとつである携帯番号が「１」の場合は、新規の案件が入ってきやすかったり、いち早く情報をキャッチできたり、スピーディーなコミュニケーションが展開される、などといった特徴が出やすいでしょう。ただし、先走りすぎてミスや失敗をしたり、トラブルに発展したりといった可能性も否定できません。

部屋番号（番地）が「３」なら、部屋にいるときにこそ創造性を発揮できたり、楽しいアイデアがわいてきたり、といったことがありそうです。ただし、継続したり集中したりすることには向かない可能性も。

関わっている数字が、どんなエネルギーを帯びているのかを知り、そのパワーをそのまま活用したいのか、それとも変えて新しい流れを生み出したほうがよいのか、現在の状況に合わせて、ぜひ検討してみてください。

番号を変えたくない場合は「暗証番号」で引き寄せを

数から受ける影響が大きい番号とはいえ、そうそう変えるわけにもいかない、ということもあるでしょう。携帯番号も慣れ親しんでいるし、好みの番号に変えるとなると少々面倒……という場合は、「暗証番号」を引き寄せたい数字に設定するのがおすすめです。

部屋番号の場合、引越しを考えているなら、ぜひ参考にしていただきたいのですが、そうはいかない場合がほとんどでしょう。まずは、その数字にしっかり向き合うことが大切。変えることが難しい状況であればあるほど、その数字はよくも悪くも大いに影響があり、縁がある数字ともいえます。そのため、その数字には向き合うべき課題が隠されているのかもしれません。

そもそも、数字に個性はあっても優劣はありませんから、どの数字にもポジティブな側面とネガティブな側面が存在します。部屋は多くの時間を過ごす大事な空間になりますから、数字のポジティブな面を積極的に取り入れ、ネガティブな面は十分気をつけるようにする、まずはこのことを「意識する」だけでもよいでしょう。意識することは、「引き寄せ」に大いに関わってきますから、プラス面を意識することで流れは変わってくるはずです。

家の鍵に数字やアルファベットのキーホルダーを

部屋は変えられなくても、部屋に入るときに使う「鍵」や「暗証番号」に引き寄せたい数字を使うのも選択肢のひとつです。例えば、鍵に数字やアルファベットのキーホルダーをつけるなど。自身と部屋をつなぐものが鍵ですから、その鍵に触れることは数のエネルギーに触れることにもつながります。

例えば、自身のイニシャルがA・Yだった場合、アルファベットの変換表(p.50)を見るとA＝1、Y＝7ですから、1＋7＝8となり、このイニシャルで「8」のエネルギーを引き寄せると考えられます。イニシャルとは関係なく、引き寄せたい数字に対応するアルファベットを選んでもよいでしょう。

数字別・携帯番号(暗証番号)の引き寄せ効果

1 ➡ 新規の案件が入ってきやすくなる
情報を早くキャッチできる

2 ➡ 親しい人とのコミュニケーションが深まる
調整がうまくいくようになる

3 ➡ 欲しい情報が入り、楽しいコミュニケーション・ツールが増える
SNSが広がりをみせる

4 ➡ 確実な情報が入る
利用頻度を制限できる

5 ➡ 機能をもっと使いこなせるようになる
たくさんの人と交流できるようになる

6 ➡ 家族や大事な人との連絡が密になる
役立つ情報が入りやすくなる

7 ➡ 望まない連絡がこなくなる
専門的な情報が入りやすくなる

8 ➡ 望む結果を受け取りやすくなる
仕事の話が入りやすくなる

9 ➡ 癒し関連の情報が入ってくる
共感できる人との縁が広がる

11 ➡ スピリチュアルな情報が入りやすくなる
シンクロニシティーが起こりやすくなる

22 ➡ より大きな話、より大きな仕事の案件が入りやすくなる
理想を現実に落とし込むメッセージを受け取りやすくなる

33 ➡ 愛ある情報が入りやすくなる
ピンとくる情報を逃さなくなる

Point 携帯番号を変更できない(したくない)場合は、携帯やスマホ本体、あるいはケースの色を数字のテーマカラーにすると、数の持つエネルギーを引き寄せることができます。

車のナンバーが示す数のエネルギー

車を持っている人は、ナンバープレートの数字を還元して、車のナンバーが示す数字を算出してみてください。

還元した数字が「２」の人は、車に乗っているときに相談事を持ちかけられたり、助手席に乗る人のサポートをしたりすることが多い、なんてことがあるかも。「７」の人は、車の中でじっくり自分と向き合う時間を設けていたり、「８」の人は、車に乗ると仕事のことばかり考えていたり……などなど、それぞれの数のエネルギーにあった使い方をしている可能性もあるでしょう。

ドライブ時間を有効に使うため、思い切ってナンバープレートを引き寄せたい数字に換えるというのもおすすめです。

手続きに多少の手間はかかりますが、基本的には即日変更が可能ですから、車に乗っている時間が多い人は、一度検討してみてもよいかもしれません。

例えば、もっと車を使うときに楽しくしたい、遊び心が欲しい、プライベートも充実させたいという場合は「３」に、車は家族や身近な人を乗せることが多く、その時間を大事にしたいと思うなら「６」を選ぶなどしてみましょう。

流れを変えたいと思っている人は、数字によって引き寄せたいエネルギーを意識することが、じつはとても有効なのです。

金運アップには通帳やクレジットカードの番号もチェック

通帳やクレジットカードのナンバーも、ぜひチェックしてみましょう。これらは金銭面に大きく関わってくる数字といえます。算出した数字によって、自身のお金との関係性を見直すきっかけになるかもしれません。

例えば、算出した数字が「３」なら、お金と楽しく付き合える、「５」なら、お金と自由に付き合えるという発想もありますが、どちらもお金の出入りが激しくなりがちな傾向が。

ただ、これらの変更は容易ではありません。すでに発行されたものは、やはり縁や課題を教えてくれるものと受け止め、数のエネルギーをうまく生かす意識が必要です。

引き寄せには、やはり「暗証番号」のナンバー設定がキーポイントになるでしょう。

もし金銭面を安定させたい、切り詰める必要があると思うなら、暗証番号の還元数字を「４」に、大きく投資をして大きな財も引き寄せたいと思うなら「８」や「22」になるよう設定すると、数字に見合った引き寄せが発生しやすくなります。

引き寄せたい数字のアイテムを身に着ける

数字そのものでなく「アイテム」で引き寄せる

すでに関わっている数字については、すぐに変えられるものと、変えることが難しいものがありますが、ここでは数字にまつわる「引き寄せアイテム」を身に着けることで、その数に関わりのあるパワーを引き寄せていく方法をお伝えします。

アイテムを身に着けることは、とてもシンプルな引き寄せ術であり、スピーディーな引き寄せ方法でもあるといえるでしょう。

それぞれのアイテムには、数の持つエネルギーに近いものが対応しています。まずは数の波動を受けている「引き寄せアイテム」を改めてチェックしてみましょう（第1章の各ナンバーの項参照）。

数に対応するテーマカラーを身に着ける

テーマカラーとは数に対応する色のことです。実際に数字を身近に置くことが難しい場合は、数字の代わりに味方につけたい数のエネルギーを、色から補うのがよいでしょう。

例えば、「今日のプレゼンを成功させたい！」と思うなら、「1」のエネルギーを引き寄せられる「レッド」や、「22」の「ゴールド」などを身に着けるのがおすすめです。男性であれば、ネクタイやネクタイピン、カフスなどに取り入れるのもよいですし、女性であれば、赤のリップに、ゴールドのアクセサリーなどを着けるというのもよいでしょう。

また、パーソナル・イヤー・ナンバーや、パーソナル・マンス・ナンバー、パーソナル・デー・ナンバー（p.218～参照）の色を取り入れると、今年の運気、今月の運気、今日の運気を高められます。先ほどの例で、パーソナル・デー・ナンバーが「５」だったとしましょう。今日の運気も味方にしたいと思うなら、「ブルー」のジャケットやシャツなどを取り入れると、よりパワーアップできるはず。

自分らしさが発揮できるよう、自身の５つのコア・ナンバーズに対応する色を取り入れるのもおすすめです。全体運を高めたいのであればライフ・パス・ナンバーに対応する色を、仕事運を高めたいのであればディスティニー・ナンバーに対応する色を……など、強化したいナンバーの色を、自分が求めるタイミングで、身に着けるアイテムのどこかに取り入れてみましょう。

数の波動をパワーストーンから引き寄せる

数に対応するパワーストーンは「数秘守護石」と呼ばれています。例えば、自身のコア・ナンバーズに対応した石を身に着けると、全体の波動を高めてくれたり、才能を引き出しやすくしてくれたり、お守りのように守ってくれる、などの嬉しい引き寄せ効果を感じられる可能性が高いでしょう。

特にブレスレットとして身に着けると、その波動をダイレクトに受け取りやすいといわれています。なぜならブレスレットは、直接肌に触れることや、腕につけることで目に入りやすく、石のエネルギーを自然と意識できるからです。

もちろん、ピアスやイヤリング、ネックレス、リングなどに取り入れるのもおすすめ。デザインも豊富ですし、ファッションとしても楽しめるでしょう。ただ、直接肌に触れる部分が少なく、ブレスレットよりも目に触れる機会が減るため、ぜひ意識的に触れる機会を作ってください。

また、パーソナル・イヤー・ナンバーや、パーソナル・マンス・ナンバー、パーソナル・デー・ナンバーに対応しているパワーストーンを取り入れると、今年の運気、今月の運気、今日の運気を高められます。その年の運気を示すパーソナル・イヤー・ナンバーが「２」なら、「ムーンストーン」や「パール」を、今年のお守りとして身に着けるのもよいでしょう。

集中して取り組みたいことがあるから自分の世界に没頭したい、というのであれば「７」に対応する「ラピスラズリ」や「アイオライト」を身に着ける、というのもおすすめです。このように、自身が求める数のエネルギーから、パワーストーンを選ぶというのも引き寄せに有効でしょう。

数秘に対応するラッキーアイテムを取り入れる

数のパワーを引き寄せるのに、その数に対応するアイテムを身に着ける、というのも運気を高めるのに効果的です。アイテムは、身に着けたり、持ち運んだり、置いておいたり、使ったりするもの。愛着を持つほど、そのアイテムのエネルギーは強まりますし、自身にも影響が出ると考えられます。

もし、すでに持っているアイテムがあるなら、そのアイテムから数の持つパワーを受け取っていることがあります。それがお気に入りのものであるなら、その可能性はグッと高まるでしょう。もし古くなったり、使い勝手が悪くなっていたりする場合は、買い換えのチャンスです。新しいエネルギー、それもグレードアップしたものに買い換えれば、よりパワーを引き寄せることができるはず。

パーソナル・イヤー・ナンバーや、パーソナル・マンス・ナンバー、パーソナル・デー・ナンバーに対応しているアイテムを取り入れると、今年の運気、今月の運気、今日の運気を高められます。

例えば、今月の運気を高めたいとき、パーソナル・マンス・ナンバーが「４」なら、アンティーク品を買ってみるのもおすすめ。「４」のエネルギーである安定性を、より高めることができるでしょう。アイテムによって、ナンバーと同じようなエネルギーを引き寄せることができるため、パワーを強化できるのです。

また、自身のコア・ナンバーズに対応したアイテムを身に着けたり、購入したりすると、全体の波動を高めてくれる効果もあります。

身にまとう服装で数の力を発揮できる

数に対応するファッションには、日常をより華やかに彩る引き寄せ効果が期待できます。

自身のコア・ナンバーズに対応するファッションをすることが、もともと好きな場合は、すでに数のエネルギーを取り入れているといえるでしょう。ライフ・パス・ナンバーに関するファッションなら、どんな場面でも運気を高めてくれますし、ディスティニー・ナンバーなら、ビジネスや社交など社会的な運気を引き寄せてくれるはず。ソウル・ナンバーなら、愛情面に効果を発揮してくれるでしょう。また、本来の自分が反映され、よりリラックスできる可能性もあります。

コア・ナンバーズに対応するファッションに挑戦したことがない場合は、ぜひチャレンジしてみましょう。自分には似合わない、好きではないと思っていたファッションも、実際に身に着けてみると、しっくりくるということもあります。何よりそれで運気を引き寄せることができるなら、トライする価値は十分あるはず。

パーソナル・イヤー・ナンバーや、パーソナル・マンス・ナンバー、パーソナル・デー・ナンバーに対応しているファッションを取り入れると、今年の運気、今月の運気、今日の運気を高められます。

例えば今日のパーソナル・デー・ナンバーが「６」なら、キレイめなカジュアルファッションを取り入れると、幸運を引き寄せやすくなるはずです。何を着たらいいか迷ったときなどに、ぜひ試してみてください。

ミックスさせると、より効果は高まる

もっと幸運を引き寄せたいなら、これまであげた引き寄せアイテムをミックスさせると、より高い効果を期待できるでしょう。

例えば大事なイベントがあって、「今日の運勢を高めたい」と思ったとしましょう。

自身のライフ・パス・ナンバーが「３」であり、パーソナル・デー・ナンバーも「３」であったら、テーマカラーもパワーストーンも、アイテムもファッションも、「３」に対応するものを選ぶのが最強だといえます。具体的には、イエローを基調にした、ボーイッシュ系のファッションを選び、足元にはスニーカー、シトリンが入ったブレスレットをつけたら完璧でしょう。もちろん、ここまでパーフェクトにできなくても大丈夫。できる限りミックスするということでも、十分幸運を引き寄せることができます。

コア・ナンバーズ別アイテム活用法

● 全体運を高めたいとき
● 自分らしさを出したいとき
➡ライフ・パス・ナンバーに対応する「アイテム」を取り入れる。

● 仕事運を高めたいとき
● 社会（仕事・地域・団体等）で力を発揮したいと思うとき
➡ディスティニー・ナンバーに対応する「アイテム」を取り入れる。

● 愛情運を高めたいとき
● 本来の自分を素直に出したいとき
➡ソウル・ナンバーに対応する「アイテム」を取り入れる。

● 対人運を高めたいとき
● 初対面の印象をより強くアピールしたいとき
➡パーソナリティー・ナンバーに対応する「アイテム」を 取り入れる。

● 自分の強みを発揮したいとき
➡バースデー・ナンバーに対応する「アイテム」を取り入れる。

自分らしさを引き出し、全体運を上げたい場合、ライフ・パス・ナンバーが「11」なら、127ページの「11」の引き寄せアイテムを取り入れます。ファッションに「マリン系」を取り入れたり、手帳やスマホ、通勤バッグなどよく使うものを「シルバーカラー」にしてみましょう。「ペリステライト」のブレスレットをするのもおすすめです。

また、「神社仏閣」を積極的に訪れたり、「バスソルト」を入れたお風呂に浸かったりして「11」のエネルギーを取り入れることを意識します。

数と共鳴する引き寄せ時間を過ごす

引き寄せアイテムでは、身に着けることで数のエネルギーを引き寄せる方法をお伝えしました。ここでは、どのような時間の過ごし方が数秘パワーの引き寄せになるのかをお伝えしたいと思います。

引き寄せ時間を過ごすことは、自身の波動を高める上でも大切なアクションとなりますし、アイテムと同じく、すぐに取り入れられる方法といえるでしょう。

この引き寄せ時間で大事なポイントとなってくるのは、場所、アロマオイル、食べ物です。それぞれ数の持つエネルギーに近いものが対応していますから、数の波動を受けている「引き寄せアイテム」をもう一度チェックしてみましょう（第１章の各ナンバーの項参照）。

数のパワースポット「場所」を意識する

数のパワーを、もっと引き寄せたいとき、数のエネルギーに対応する場所に行くという方法があります。数に対応する場所は、いわば「数のパワースポット」のようなもの。そこに行くとその数の波動を受けることができたり、パワーを充電できたりするので、自身に新しいエネルギーが加わるともいえるでしょう。

例えば、大切な人との絆をより深めたいと思っているなら、「２」のパワーを引き寄せると、よい循環が生まれます。「２」に対応する場所は、家や部屋（p.79参照）ですから、お互いの部屋を行き来したり、馴染みの居心地のよいレストランで食事をしたりする過ごし方がよいでしょう。あるいは、会う前に美容院に行くことも、「２」の引き寄せパワーが働きます。それによって、相手と深くつながるサポートがいっそう期待できるというわけです。

また、自身のコア・ナンバーズに対応した場所は、生涯を通してエネルギーを与えてくれるパワースポットともいえますから、落ち込んだときや、元気が欲しいときなど、折に触れて訪れてみるとよいでしょう。行くだけでリラックスできたり、気分がスッキリしたり、新しい情報をインプットできたり、何かしら変化があるはずです。

パーソナル・イヤー・ナンバーや、パーソナル・マンス・ナンバー、パーソナル・デー・ナンバーに対応している場所に出かけると、今年の運気、今月の運気、今日の運気を高められます。パワーアップしたい、気分転換をしたいと思うときは、ぜひ参考にしてみてください。

例えば、デートの日が決まっていて、その日のパーソナル・デー・ナンバーが「5」なら、デートの場所はテーマパークにするなど。そうすれば、幸運を引き寄せやすくなり、きっと楽しいデートができるはずです。

香りを「嗅ぐ」「まとう」ことでパワーアップ

香りの成分が心身にさまざまな働きかけをし、その効用が知られているアロマオイルですが、これも数に対応しています。いわば、運気を高めてくれる香りです。

例えば、自身のコア・ナンバーズに対応したアロマオイルは、自分らしさを引き出したり、全体の波動を高めたりするのに効果を発揮してくれるでしょう。

自身のコア・ナンバーズに対応する香りが、もともと好きだという場合は、すでに数のエネルギーを取り入れている可能性があります。もし、それが好みの香りでなかったとしても、アロマオイルは数種類をブレンドすることで香りが変化し、気に入った香りになることがあります。また、複数の香りを調合することで相乗効果を発揮することもありますから、コア・ナンバーズのアロマオイルを数種類ブレンドしてみて、自分好みの香りに仕上げるのも、運気をより早く引き寄せるコツでしょう。

アロマオイルの香りに包まれる時間は、それだけで癒しやリフレッシュにつながります。ときには気分を高揚させてくれることもあります。さらに、数に対応するエネルギーも高めてくれるのですから、間違いなく幸せな引き寄せ時間となるでしょう。

また、パーソナル・イヤー・ナンバーや、パーソナル・マンス・ナンバー、パーソナル・デー・ナンバーに対応しているアロマオイルを取り入れると、今年の運気、今月の運気、今日の運気も高められます。パーソナル・イヤー・ナンバーが「９」だったなら、「ラベンダー」や「プチグレン」を、今年の幸せ時間を引き寄せてくれる香りとして、ストックしておくのもよいでしょう。

もし、自分に「３」のパワーが必要だと思うなら、そのタイミングで「３」に対応する「レモン」や「レモングラス」のアロマを取り入れる、というのもおすすめです。自身が求める数のエネルギーから、アロマオイルを選ぶことも引き寄せに有効といえます。

数秘の対応食材でパワーを体内に取り入れる

食事の時間は誰にとっても大切な時間です。また、「食べたものが自分の身体を作る」といわれるように、食べるものは自身に大きく影響します。そもそも「食」という字は、「人が良くなる」と書きますから、数に対応する食べ物は、数のエネルギーをダイレクトに取り入れることだといえるでしょう。

自身のコア・ナンバーズに対応する食べ物は、運気を高めるラッキーフード。自身のパワーを発揮したいとき、充電したいときに意識的に取り入れるのがおすすめです。

パーソナル・イヤー・ナンバーや、パーソナル・マンス・ナンバー、パーソナル・デー・ナンバーに共鳴している食べ物を取り入れると、今年の運気、今月の運気、今日の運気を高められます。

そもそも食べることは、生きることでもありますから、絶対に必要な行為です。「今日の献立」を考えるときの参考にしてもよいでしょう。そうすれば必然的に毎日、数のパワー引き寄せることができ、食事の時間がますます大きな意味を持ちます。

例えば、今日のパーソナル・デー・ナンバーが「２」なら、白い食材をメインに、温かい乳製品のメニューを作ると、幸運を引き寄せやすくなるでしょう。カリフラワーが入ったシチューを作ったり、長芋のグラタンを作ったり、いろいろアレンジができるはず。栄養のバランスを考えて、ほかの食材や色を取り入れても、もちろんＯＫです。難しく考えず、でもどこかに必ず「白い食材を入れる」など、「２」の食べ物を意識しながらメニューを考え、食事の時間をもっと充実させていきましょう。

住まいを最大のパワースポットにする

200ページで解説したように、住んでいる場所（番地や部屋番号）にも数のエネルギーがあります。その数に共鳴するアイテムを部屋に置くことで、その場のパワーがより高まります。

例えば、「１」の家は、スタートにぴったりの家。はじめて一人暮らしをするときなど、新しいチャレンジに背中を押してくれるでしょう。そのパワーをもっと引き寄せたい場合、「１」の引き寄せアイテムを部屋に置いたり、「１」のカラー「赤」を部屋のテーマカラーにしてみましょう。

もちろん、今住んでいる家が「１」でなくても、新しいことを始めるためにパワーを引き寄せたいときには、「１」の引き寄せアイテムをインテリアに取り入れてみてください。家は、長い時間を過ごす空間ですから、数のエネルギーに影響されやすいといえます。

1　…………… スタート・情熱が高まる家（部屋）

2　…………… 調和・くつろぎの家（部屋）

3　…………… 創造力が高まる楽しい家（部屋）

4　…………… 安定・継続の家（部屋）

5　…………… チャレンジ・変化の家（部屋）

6　…………… バランスのとれた家（部屋）

7　…………… 研究心が高まる家（部屋）

8　…………… パワーのある豊かな家（部屋）

9　…………… 癒し・居心地のよい家（部屋）

11　…………… アート・スピリチュアルな家（部屋）

22　…………… 華やか・パワフルな家（部屋）

33　…………… 愛と平和・光あふれる家（部屋）

また、自身の運気を高めながら、自分らしく過ごすには、コア・ナンバーズに同調するアイテムで住まいを整えることもおすすめです。

インテリアを考える際、家全体のテーマカラーやインテリアのスタイルは、ライフ・パス・ナンバーまたは部屋番号・番地の数字に、自室や寝室はソウル・ナンバーに合わせて、運気を高める空間作りをしていくとよいでしょう。また、住まいの中に仕事部屋がある場合やオフィスには、ディスティニー・ナンバーに合わせて、インテリアを考えてみましょう。

例えば、ライフ・パス・ナンバーが「４」で、ソウル・ナンバーが「６」の場合、家全体にグリーンを積極的に取り入れたり、リビングを和のスタイルにしたりし（「４」の引き寄せアイテムやファッション）、寝室ではベッドカバーなどをピンクにしたりする（「６」の引き寄せカラー）という方法です。

内装や家具を一新するのは大変という場合は、クッションカバーやソファカバーなど取り替えのしやすいファブリックや、スリッパやタオルといったグッズに、引き寄せカラーを取り入れるとよいでしょう。

家具の選び方や身近に置いておくとよいインテリアグッズ、家での開運行動などについて、次のページにまとめていますので参考にしてみてください。

運気が高まるインテリアのアドバイス

ライフ・パス・ナンバー 1
最新の家電を置くと、全体運が活性化しやすい

ソウル・ナンバー 1
赤いキャンドルにローズウッドのアロマオイルを垂らすと心身ともに活力がわく

ライフ・パス・ナンバー 2
肌触りのよい天然素材のクッションやソファカバーが運気上昇に

ソウル・ナンバー 2
白いドレッサーやレースのカーテンで心が穏やかに

ライフ・パス・ナンバー 3
ポップで遊び心のあるインテリアが幸運を招く

ソウル・ナンバー 3
好きなキャラクターグッズやゲームを置くと吉

ライフ・パス・ナンバー 4
伝統工芸品やアンティークをインテリアに取り入れると○

ソウル・ナンバー 4
和の雰囲気を感じさせる雑貨を置くと運気が安定する

ライフ・パス・ナンバー 5
海や空を感じるインテリアを取り入れると運気が高まる

ソウル・ナンバー 5
星のモチーフのインテリアグッズや星柄のファブリックが○

ライフ・パス・ナンバー 6
家族の写真を飾ると幸運を呼び込める

ソウル・ナンバー 6
お気に入りの美容グッズとローズのアロマオイルで幸福感が高まる

ライフ・パス・ナンバー 7
落ち着いたモノトーンのインテリアが全体運を高めてくれる

ソウル・ナンバー 7
部屋に鍵をつける、お気に入りの小説の本を飾ると吉

ライフ・パス・ナンバー 8
レザーソファなど高級なものでインテリアを揃えると運気が上昇

ソウル・ナンバー 8
寝室に一生もののジュエリーや家具を置くと吉

ライフ・パス・ナンバー 9
生花を飾るなど、家全体を癒しの空間に整えて

ソウル・ナンバー 9
ヒーリングミュージックを流し、ラベンダーのアロマオイルでリラックスを

ライフ・パス・ナンバー 11
空間をオシャレに、お気に入りのアートグッズを飾って

ソウル・ナンバー 11
腰より高い位置に天然石やソルトランプを飾ると○

ライフ・パス・ナンバー 22
シャンデリアなどインテリアはゴージャスなものを揃えて

ソウル・ナンバー 22
自室や寝室に、好きな絵画を飾ると運気が高まる

ライフ・パス・ナンバー 33
もらったプレゼントの品を飾ると幸運を呼び込める

ソウル・ナンバー 33
サンキャッチャーを取り入れると幸運体質に

第3章

運勢の引き寄せレッスン

数秘術では9のサイクルで、その年、その月、その日の運勢がわかります。世界の運気（ユニバーサル・イヤー・ナンバー）と個人の運気（パーソナル・イヤー・ナンバー）の組み合わせによる引き寄せ行動についても紹介しています。

パーソナル・イヤー・ナンバーで知る人生周期

その年にやるべきことが見えてくる

パーソナル・イヤー・ナンバーとは、その人にとって、ある特定の年が「どのような流れでどんな運気に当たるか」を指し示すものです。

これは同じ年でも、人それぞれナンバーは異なり、自分自身がその年に何を成すべきか、どんなテーマが与えられるか、ということをあらかじめ把握することが可能になります。

例えば、パーソナル・イヤー・ナンバーが「１」になった人の場合なら、この年は「始まり」を意識して新しいことに挑戦すると、その後も好展開を期待できる、と考えることができます。

また、パーソナル・イヤー・ナンバーが「２」の人は、人との関わりを最優先にして過ごすようにすれば、物事が円滑に進みやすくなる運気の年だというように、その一年を通して学ぶべきテーマについて大まかな解釈ができるというわけです（p.222 ～参照）。

人生は9年周期で進んでいく

パーソナル・イヤー・ナンバーは、「１」～「９」の数字があり、９年ごとのサイクルで運気の流れが構成されています。

「１」の年で蒔《ま》いた種が「２」の年で芽を出し、根を生やしていく。
「３」の年では根を張った土台をもとに新しい葉を増やし、「４」ではよりよく育つための環境を調整する。
「５」の年は違った環境に置かれたとしても生き延びられるような進化を遂げ、「６」の年にようやく安定期に入る。

「７」の年には今までの成長過程での問題点などを見直し、「８」で大きな収穫を得る。そして「９」の年には、今までの努力や成果を確認し、収束させていく。

このように、人生は９つのサイクルがらせん状になって構成されている、と数秘術では捉えています。

自分が今、「１」～「９」のどの地点にいるのかを割り出すことによって、今抱えている目標や問題にどのようなスタンスで向き合えばよいかが、自ずと見えてくるのです。

例えば、何年も掲げていた目標があるけれど、なかなか到達しない、半ば諦めかけている、というような状況であったとき、パーソナル・イヤー・ナンバーが「４」だった場合は、現実的な視点でもう一度見直したり、問題を洗い出したり、持続力を持ってさらに努力を重ねるべきだ、と考えられます。しかし、もし「９」だった場合、一度、その目標を取り下げて、新たな課題に切り替えてみるのもいい、と考えることができるでしょう。

このようにサイクルの波にうまく乗ることができれば、より生きやすく、成功を収めやすくなる、というわけです。

パーソナル・マンス・ナンバーとパーソナル・デー・ナンバー

パーソナル・イヤー・ナンバーが１年単位だったのに対し、マンス・ナンバーは１カ月単位、デー・ナンバーは１日単位で、数のメッセージを知ることができます。

例えば、パーソナル・マンス・ナンバーが「３」だった場合は、自分が楽しいと思うことを優先したほうがよい１カ月になるので、その月は自分の心が本当に喜ぶことを意識するとよいでしょう。

また、パーソナル・デー・ナンバーが「４」だった場合は、この日はギアを落として、ゆっくりと足固めをするように心がけると、トラブルを回避できたり、そのあとに進む道の問題点に気づきやすくなったりします。

数のメッセージ

1 ……… 始まり、新しいものの導入、流れが変わる
2 ……… 人との関わり、つながる、対話
3 ……… 楽しむ、創造する
4 ……… 安定させる、足固め、基礎作り
5 ……… チャレンジ、変化を取り入れる、冒険する
6 ……… 献身的、育てる、教える、与える
7 ……… 立ち止まる、見直す、見つめ直す
8 ……… パワーアップ、充実する、達成する
9 ……… まとめる、区切りをつける、完結する

「年」「月」「日」3つのナンバーの活用法

パーソナル・イヤーとマンス、そしてデー・ナンバーの３つの数字から、自分が今置かれている状況を把握することから始めてみましょう。

例：イヤー・ナンバーが「5」、マンス・ナンバーが「6」、デー・ナンバーが「7」というような場合

5 …… １年を通して見ると、冒険やチャレンジをしていくのにふさわしい年
6 …… １カ月は、献身的な姿勢を忘れないようにするとよい
7 …… この日は、一人の時間を大事にするとよい

反対に、目的別に日にちを選ぶことも可能です。

例えば、心機一転、引越しをして新しい生活をスタートさせたいと思っているような場合であれば、「１」の年、「１」の月、「１」の日のいずれかを選んで、引越しの日を決めるのもよいでしょう。

また、勝負をかけてプロジェクトをスタートさせたいときなどは、「８」の入った年月日を皮切りにすると、運気の流れが大きくバックアップしてくれることも期待できそうです。

このように、数の力を自分に引き寄せながら、うまく物事を調整して進めることも可能だといえるでしょう。

パーソナル・イヤー・ナンバーの求め方

「誕生日」と「運勢を知りたい年」をもとに算出します。数字を１桁に分解し、それらをすべて加算し、１桁になるまで還元します。11、22、33になった場合でも、１桁になるまで還元してください。

例：1986年2月5日生まれの人が、2022年の運勢をみる場合

①2月5日と、2022年を用います。

②１桁になるまで加算します。

2＋5＋2＋0＋2＋2＝13

1＋3＝4……パーソナル・イヤー・ナンバー4

パーソナル・マンス・ナンバーの求め方

パーソナル・イヤー・ナンバー＋運勢を知りたい月で算出します。

例：1986年2月5日生まれの人が、2022年5月の運勢をみる場合

①パーソナル・イヤー・ナンバーを算出します（上記参照）。…4

②パーソナル・イヤー・ナンバーに知りたい運勢月の数字を加算します。11、22、33になった場合でも、１桁になるまで還元してください。

4＋5＝9……パーソナル・マンス・ナンバー9

パーソナル・デー・ナンバーの求め方

パーソナル・マンス・ナンバー＋運勢を知りたい日で算出します。

例：1986年2月5日生まれの人が、2022年5月15日の運勢をみる場合

①パーソナル・マンス・ナンバーを算出します（上記参照）。…9

②パーソナル・マンス・ナンバーに知りたい運勢日の数字を加算します。11、22、33になった場合でも、１桁になるまで還元してください。

9＋1＋5＝15

1＋5＝6……パーソナル・デー・ナンバー6

パーソナル・イヤー・ナンバー

Personal Year Number

1

新しいことを始めるとき 熟考よりも行動を

「これを始めたら周囲に何か言われるだろうか」「思いつきで行動しても結果が伴わないかもしれない」など、躊躇する気持ちはひとまず横に置いて、「１」の年は、まず第一歩を踏み出すことをおすすめします。

なんとなく今までスタートしていなかったこと、好奇心をそそられてはいたものの、始める機会がなくて今に至っていることなども、この時期に取りかかると、のちによい芽吹きが期待できそう。

そして、この年に始めることは、事前に入念な準備をしたり、時間やお金をかけなくても、自然と波に乗るようにうまく進むことが多いでしょう。ふと立ち寄った先で、よい刺激を与えてくれる人を紹介されたり、無料でトライすることができるお試し時期とかぶったり……。目の前に現れるチャンスをしっかりとつかんでください。

いずれにしても、「自ら動くこと」がポイントです。もし、どう行動してよいかわからないような場合には、「新しい」ものを生活に取り入れるように意識してみましょう。例えば、身の回りのグッズをリニューアルしてみたり、今まで近くにいたけれどあまり交流を持っていなかった人に声をかけたりして、新鮮な気持ちを呼び覚ますようにしてみるのがおすすめです。

新しい風を取り入れながら、まずは行動してみる。それが「１」の年にやるべきことになります。

Personal Year Number《パーソナル・イヤー・ナンバー》

2

対話を意識して
良縁を引き寄せる

「２」の年は、「人間関係」や「つながり」を意識して行動すると、さまざまな事柄がよい方向に動き出していきます。

例えば、「１」の年で新しく始めた趣味や仕事、友人関係などは、さらにもう一歩深く関わるようにすると、気づきが生まれたり、自分の新しい才能を見出すことができたりするかもしれません。「１」の年に勢いよくスタートさせたことを、より洗練させて次につなげていくのが「２」の年です。

また、家族や恋人など、もともと親密な関係である人たちとは、意識的に一緒に過ごす時間を増やしてみてください。普段、あまり自分の話をしない人は、気持ちを口に出すようにしてみましょう。逆にいつも聞いてもらっていた相手には、その人の状況を問うような対話を心がけると、さらに絆が深まっていくはずです。

結婚の機運も高まるときなので、結婚願望がある人は、パートナー探しに力を注いだり、恋人がいる場合には、結婚を話題にしてみてもよいかもしれません。

また感覚が鋭敏になるため、人の表情や態度から、心の機微を察することが増えるでしょう。振り回されない程度に、真摯に相手の気持ちに寄り添うのがベストです。

人や出来事との「結びつき」を大切にする。それが「２」の年にやるべきことになります。

パーソナル・イヤー・ナンバー

Personal Year Number 3

理性や自律心よりも楽しい気持ちを優先して

「３」の年をよりよく過ごすには、まずは「楽しい」気持ちを優先して生活することです。

もちろん、社会生活を営む上では、それぞれの役割がありますから、それをすべて放棄して楽しもう！　という話ではありません。

しかし、「３」の年は、自分自身が楽しいと思うことで、クリエイティブな発想が生まれたり、面白いビジョンが浮かんできたりするので、二者択一で悩んだときは、ぜひ、心がウキウキするほうを選ぶようにしてみてください。

コア・ナンバーズに「４」や「６」、「７」など楽観性の低いストイックな数字を持っていると、楽しい時間を過ごすより過酷な道のほうが将来のためになるのではないか、と考えがちですが、「３」の年では、そのような厳しい姿勢を解いて、心がラクになれるほうを選んでみるようにしましょう。

気持ちにゆとりが生じると、周りをゆっくりと見回すことができるようになります。そのため、今まで自分の好みではないと思って遠ざけていたことも理解ができるようになったり、やってみたら面白い、と感じることもありそうです。

のびのびと楽しいと感じることを、軽やかにやってみる。楽しむ気持ちから新しい何かが生まれる。それが「３」の年のエネルギーの流れになります。

パーソナル・イヤー・ナンバー

Personal Year Number

4

足固めを意識して
地道に積み重ねるとき

「４」の年は、理想や目標、実際に自分が手がけてきたものを、着実に形にしていくことがテーマとなる年です。

漠然と「こうなるといいなぁ」と思い描いていたプランや、軽い気持ちで取り扱ってきた事柄に正面から向き合い、まじめに取り組むことが求められます。基礎固めをするのにも最適な年で、この一年でコツコツと積み上げたものがベースとなり、成功の礎になっていきます。現在進行中のプランをもう一度見直して、リスクが見つかれば、勇気を持って変更することを検討してみるとよいでしょう。

また、自分自身を見つめる時間を持つことも大切です。忙しくて見て見ぬふりをしていた部分や、短所だとわかっていながらも対処してこなかったところを意識的に改革すると、のちに大きな変化をもたらしてくれるかもしれません。この時期は、少々意固地になったり、きまじめさが過ぎてしまうこともあるので、他人からのアドバイスは、ありがたく素直に聞き入れることが大切です。

コア・ナンバーズに「３」や「５」など自由きままに楽しむエネルギーが強い数字を持っていると、忍耐を強いられるようなもどかしさを感じるかもしれませんが、土台固めを心がけることが、次の「５」の年の飛躍につながるでしょう。

コツコツと積み重ねる。自分を見つめ直す。それが「４」の年にやるべきことになります。

パーソナル・イヤー・ナンバー

Personal Year Number

5

変化を受け入れることで 既存の枠を超える

現在、自分が持っているスキルや人間関係、環境などをベースに、「5」の年に訪れる「変化」を受け入れてみましょう。

今までとは全く違う世界に飛び込んでみるのもよい年です。また、自分が培ってきた土台をステップにして、やってみたかったことにチャレンジしたり、いつもならば断っていたかもしれない誘いを受けてみるのもおすすめです。自主的にポジティブな選択をしてみてください。この時期に新たな変化を取り入れることで、「自由」を手にする可能性も高まります。今までの自分に執着することなく、流れに身を任せてみるのもよいでしょう。

物事が活発に変化する一年なので、「2」や「4」などの数字を持っていると、変化についていけずにとまどう場面が多くなるかも。

また、この年は、慎重派であまり冒険を好まない人にも、自分の意思とは関係なく、変化が訪れやすくなります。

例えば、転職を余儀なくされたり、家族の看病や介護などで自分のライフスタイルを変えざるを得なくなったりするなど、一見マイナスに思えるような印象の強い出来事が起こるかもしれません。

しかし、この変化を経験したからこそ、得られるもの、また見えてくるものがあり、それが今後の糧《かて》になりそうです。

機に乗じる。変化を恐れない。それが「5」の年にやるべきことになります。

Personal Year Number《パーソナル・イヤー・ナンバー》

6

人のために尽くすことが自分自身の成長となる

「6」の年は、自分よりも相手のために行動することが、多くなるでしょう。

仕事では、経験値の浅い部下を育成したり、同僚の補佐的業務が増えたりするかもしれません。また、イベントの幹事役を頼まれたり、友人や恋人の相談に乗る機会が増えたりすることもありそうです。子供が増えたり、病人の面倒を見ることになったりと、世話役としての役割が回ってくることも。

普段、一匹狼的な行動をしていた人にも、そのような状況が訪れやすくなりますので、チームワークを意識し、利他的に行動するように心がけてください。

なぜなら、人のために動いた結果、感謝されたり、相手の成長を感じられたりして、今までにない喜びや感動を味わうことができるからです。今まで気づかなかった自分の能力を確認できる機会にもなるでしょう。その経験が自分の糧となり、ひと回り大きな人間へと成長させてくれるはずです。

ただし、手のかけすぎは相手の成長を妨げることにもなりかねないので、その加減に注意してください。

人のために尽くしてみる。愛を持って行動する。それが「6」の年にやるべきことになります。

パーソナル・イヤー・ナンバー

Personal Year Number

7

「外」より「内」に働きかけて 自分を見つめ直すとき

「7」の年は、外に向かって行動をするというよりは、立ち止まって今までの生き方や暮らしぶり、自分が今持っているスキルなどを冷静に見直すのに最適な一年です。

じっくりと内省することによって、自分の長所と短所を改めて見つめてみましょう。案外、自分のことを考える時間というのは意識しないと持ちにくいもの。あえて一人の時間を作って、「現状に満足しているか？」「どこが問題点だと感じるか」「今後どうやって生きていきたいか」などを自分に問うのもよいでしょう。

もしかしたら、そうすることで、ネガティブな面ばかりが際立ってしまい、落ち込んだりすることもあるかもしれません。ですが、「7」の年は精神力をアップさせる鍛錬の年と割り切って、将来のために必要な時間だと認識してください。

自分を知ることができたら、足りないと思う部分もわかってくるはず。それを埋めるための勉強や、人間関係の開拓など、自分磨きのポイントも定まってくるでしょう。

また、この年は、観察力や洞察力が高まっているので、自分はもちろん、今置かれている環境や周囲の人々を見つめてみると、この先の進路が定まってくるかもしれません。

内省する。自分磨きの時間にする。それが「7」の年にやるべきことになります。

パーソナル・イヤー・ナンバー

Personal Year Number

8

メンタルが強化され
成功への道を力強く歩む

「８」の年は、内側から力がみなぎってきて、周囲への影響力が高まっていくでしょう。

前年「７」の年に、しっかりと内省して、ウィークポイントを改善、克服した人にとっては、大きな飛躍の一年となるはずです。

仕事面では、プロジェクトリーダーに抜擢されたり、昇進して部下を持ったり、責任あるポジションを任されて決定権を握ったりすることが増えるかもしれません。高い目標が設定され、精力的にこなさなければならない立場にも置かれるでしょう。

また、プライベートでは、仲間を統括したり、家族を引っ張っていったりする主導的な立場になることが増えそうです。

リーダーシップをとるのが苦手な人も、この年は、自身の可能性を引き出すためにも、そのような役どころを進んで引き受けるようにしましょう。想像していたよりも、自分はタフだということがわかり、充実感をもたらしてくれます。「８」の年は、心身を鍛えるのにも最適だといえます。

パワーに縁がある年なので、社会的に成功を収めている人や、権威ある人物などの講演会やセミナーなどに参加してみるのも有効です。自分を高める足がかりとなるヒントがもらえるかもしれません。

惜しみなく力を発揮する。責任を負う覚悟を持って邁進する。それが「８」の年にやるべきことになります。

パーソナル・イヤー・ナンバー

Personal Year Number

9

サイクル完結の年
区切りをつけ未来へつなぐ

「９」の年は、今ある状況を整理して収束させ、そして区切りをつけて評価を与えるときです。

「まだまだ、道半ばだ」と思う場合もあるでしょう。決着にはほど遠く、今ここで終わりにするのは納得がいかないこともあるかもしれません。けれども、この年は、一段落を迎えたり、新たなものに向けて何かを手放すような機会が増えるはず。流れに抗うことなく、一度状況を整理するのに最適な時期だと心得てください。

現時点でゴールがとてつもなく遠いところにあると感じたなら、なおさら一度、離れてみるのもよいかもしれません。

また、人間関係の整理が必要になることもありそうです。中途半端になっている関係は、この年に決着をつけると、新たな門出を迎えやすく、心の切り替えもうまくいくでしょう。

その決着が必ずしもハッピーエンドや成功でなければならない、というわけではありません。長い人生においては、一度区切りをつけることが必要なときも。冷静に判断して、新たなサイクルにつなげていくことが、重要なときもあるのです。

現状を整理する。勇気を持って区切りをつける。それが「９」の年にやるべきことになります。

パーソナル・マンス・ナンバー

Personal Month Number

1

新しいことを始めるのに最適な月。転職や引越し、新規プロジェクトに着手したり、新しい習い事などを始めたりすると、上々の滑り出しができるでしょう。

出会い面にもツキが巡ってくるので、今まで訪れたことのない場所にも積極的に足を運ぶことがおすすめです。

また、正々堂々と、自分の意見を主張するのにも適しています。今まで自信が持てずに公にしてこなかったことも、リスクを恐れず口に出してみて。一歩踏み出すことに大きな意味があります。

2

人との関わりを大切にしたい月。コミュニケーションを図る際には、できるだけ聞き役に徹し、自分が主役になるよりもサポートする側に回ることが大切です。

サポートする際には、的確なアドバイスだけではなく、相手の気持ちに寄り添うことを意識すると、良好な人間関係を維持することができるでしょう。

また、この時期は美的感覚が高まり、芸術作品などから多くのインスピレーションを受けることができそうです。美術館や歴史的建造物などを訪れて、感性を磨いてください。

3

心から楽しいと感じることをしていると、周囲の人たちもハッピーになり、自身もプラスのエネルギーをまとうようになるでしょう。この月は、やりたくないことや苦手なことに、あえて挑戦する必要はありません。とにかく楽しいと感じること、心がワクワクすることに注力してみてください。

また、自分を表現する場が新しい展開を生む可能性も。ブログやSNSで情報発信をしたり、多くの人と共有したいこと、楽しいと思えることを発表したりするのもよいでしょう。

4

一度歩みを止めて、現状を確認するのによい月です。ゴール地点があまりに遠いところにあるのであれば、まずは手の届きそうな目標に変更を。現実的な視点から、プランを立て直すと、結果的に最終地点に早くたどり着くことができるでしょう。

また、身近な生活習慣を見直すこともおすすめです。十分な睡眠がとれているか、暴飲暴食はしていないか、適度な運動をしているか、などの健康面を再確認しましょう。

資産や家計を見直して、倹約や貯蓄などに励むのにもよい月となります。

5

今までやったことがなくても、チャレンジ精神でトライしてみたい月。

変化の少ない日々を過ごしている人は、意識的に新たな風を吹き込んで、普段と違うことをしてみるのもよさそうです。

大幅に生活スタイルを変えるとなると、ハードルも高くなりますが、ほんの少しの変化でも、新たな発見があるはず。

少し気になる人を食事に誘ってみる、習い事の体験レッスンに参加してみるなど、勇気を奮って一歩前に踏み出すと、そのあとで、新しい道につながることになりそうです。

6

奉仕の精神を持って行動する月にしましょう。

家族の世話をすることが増えたり、部下や後輩の面倒を頼まれたり、幹事役やコーディネート役などの裏方作業が増えたりするかもしれません。

気持ちがあまり乗らなかったり、損な役回りの仕事だったとしても、この月のオファーはできる限り引き受けるようにしてみてください。人の役に立ったり、陰で支える役割をしたりすることが、信頼や評価となって、いずれ自分に返ってくることになるからです。

7

学びの精神を満たし、自分を磨くのに最適な月です。

知識をより深めるために自学したり、新たな講習を受けたりすることはもちろん、今まで気楽に続けてきた趣味を、本格的に究めてみるのもよいでしょう。

また、そのような環境作りにも注力してください。一人になれる時間を作って、静かに現状を見直してみると、見落としてきた欠点にも気づきやすくなります。内なる声に耳を傾けることも、自身が成長する後押しの材料となるでしょう。

8

今ある目標の一段上のレベルを目指しても、成功を狙えるパワーがみなぎる月となります。

意欲が高まり、自信もわいてくるため、人の上に立って采配を振るうことになったり、大きなプロジェクトを動かしたりすることもありそうです。

できれば、関わる人や環境は一流どころを選んでみましょう。身の丈に合わないのではと遠慮しなくても大丈夫。この月は自分自身がパワーアップするので、レベルが合うようになっていきます。

一段高いハードルを自分に課すのにも適した時期。気力がみなぎり、大きな成果を得られるでしょう。

9

広い視野を持って現状をジャッジする月となります。

できる限り客観視を心がけ、俯瞰することを意識してみてください。特に、感情がからむ人間関係は、好き嫌いの感情が先走りしやすいので注意し、冷静に判断することによって整理していきましょう。

もし、無駄に執着していると感じたり、もう必要がなくなった、と感じるものがあるならば、この時期に手放すと、近い将来に新たな芽が出やすくなります。古いものに固執することなく、思い切った断捨離をすることで、幸運を引き寄せやすくなるでしょう。

パーソナル・デー・ナンバー

Personal Day Number

1

この日を初日にして物事をスタートすると、そのあと長く続いたり、よい結末を迎えられそうです。日記をつけ始めたり、ダイエットをしたり、先延ばしにしていたことを始めてみましょう。

また、身近なものを新調するのも運気を呼び込みます。文房具の買い替えや、新しいデザインの洋服や財布を購入するのもよいでしょう。今まで行ったことのない場所やお店に立ち寄ってみるのも、フレッシュな気を取り入れることができるのでおすすめです。

積極的に行動する、スタートすることを意識してみましょう。

2

友人や同僚、家族や恋人など身近な人を大切にし、コミュニケーションを深めていきましょう。

いつもそばにいるのが当たり前の人とも、意識してちゃんと会話を交わすことが大切です。一緒にいる時間を増やしてみると、今まで知らなかった一面が見えたり、絆が強くなったりするでしょう。

また、美しいものやアートなどに触れると、気持ちが落ち着き、心が豊かになるはず。出かけるのが難しければ、窓からの風景を楽しむ、心地よい音楽を聴くなど、穏やかになれる工夫をしてみて。

3

笑顔の時間を多く持つようにすることが、この日を有意義にするカギとなります。

友達とお酒を飲んで陽気になってみたり、子供と一緒に遊んだりするのもよいでしょう。自分が笑えば、自然と笑顔が伝染して、周囲の人も一緒に幸せな気分になれるはず。

「面白そう」と思ったことは、この日にチャレンジしてみるのがベスト。なんとなく興味を惹かれたものが、その先の人生の支えになることもあるので、フットワークを軽くしてトライしましょう。

4

自分を律し、気持ちをしっかりと引き締めることが大切な日です。「堅実」を意識して過ごしましょう。

会社や学校で、期限が迫った仕事や課題がないかどうかを確認し、やらなくてはいけないものは今日着手して、できる限り進めることが大切。

また部屋の片付けや掃除をしたり、生活必需品のストックを揃えたりするのにも最適です。怠惰な気持ちが外に現れているようなことは、すぐに改めて。

事前に準備が必要なものは、この日にしっかりと時間をかけて用意するとはかどります。

計画を立てたり、マニュアルを作ったりするのにもよい日です。

5

少しなら羽目を外すのがおすすめの日。なぜなら「守り」よりも「冒険」に出たほうが、うまくいく可能性が高いからです。

いつもなら、やめておこうと思うことにも、ぜひチャレンジしてみてください。成功・失敗といった結果が重要ではなく、やってみることに意義があります。一歩、踏み出す勇気を持つことが、大切な日といえるでしょう。

また、普段言いたくても言えなかったこと、たまったうっぷんなどを吐き出すのにもよい日。勢いを大切にしてみてください。

6

献身的に誰かのために行動することを心がけたい日。奉仕することで、自分にもツキが巡ってくるようになります。

周囲の人の悩み事に耳を傾け、アドバイスをしたり、あなたを頼ってきた人に対して、広い心で受け入れてみてください。

また、母性的な気持ちが強まる日でもあるので、積極的に子供やお年寄りをお世話すると、思いがけず自分自身が癒されるかもしれません。ペットや植物の手入れを入念にしたり、料理を振る舞ったりする時間も充実したものになるでしょう。

7

「思索」を意識したい日。思い立ってすぐに行動するようなことは避けて、一度立ち止まる時間を持つようにしましょう。落ち着いて考えることで、リスクに気づいたり最短のルートがひらめいたりすることもあります。

また、一人の時間を確保することも有意義です。心ゆくまでお茶を楽しんだり、自問自答の機会を設けたりすると、ヒーリング効果が期待できるとともに、しっかりと充電することができるはず。心が落ち着くと思うことを優先して過ごしましょう。

8

自分の貪欲さを表に出していきましょう。例えば、欲しいものがあるなら欲しいと率直に伝えたり、やって欲しいと思うことがあるなら素直に打ち明けたり。

仕事では、「これくらいの売り上げでいいかな」というリミットを外し、「もっと営業成績を上げたい」「もっと稼ぎたい」という欲を前面に押し出してみましょう。何事にも貪欲に取り組むことで、面白いように結果がついてきそうです。

また、大きな買い物や契約などをするのにも向いている日です。思い切った行動がツキを呼びます。

9

さまざまな価値観を否定せず、思い込みをなくし、受け入れるようにしてみてください。今まで知らなかった分野や苦手だと感じている人などを拒んだり避けたりせず、受け入れてみましょう。新たな発見があったり、理解が深まったりするかもしれません。共感力を持って相手の話に耳を傾けると、信頼を得やすくなります。たとえ意見が違ったとしても、共感することを意識しましょう。

また、この日を区切りとすることで、流れが変わっていきます。不要なものを手放したり、決着をつける日として最適です。

ユニバーサル・イヤー・ナンバーで知る宇宙の周期

世界・宇宙全体のテーマを知るナンバー

ユニバーサル・イヤー・ナンバーは、私たちの住んでいる地球を含む宇宙全体に影響がある大きな流れを表すものです。

いわば、その年にどういう流れが起きるのかを示す数字。「1」～「9」のサイクルで構成されていて、その年に該当する数のパワーが強く引き出されることになります。ですから、そのナンバーの特徴によって、どんなことが脚光を浴びるか、何が注目されるか、流行になりそうなものな何か、などを推測することが可能になります。

例えば、2021年はユニバーサル・イヤー・ナンバーが「5」の年です（算出法はp.239参照）。

「5」は「チャレンジ」や「変化」を意味しますから、今までの土台をうまく生かしながらも、挑戦や変化をプラスしている分野が注目を浴びる、進化を遂げやすくなる、などと読み解くことができます。

数秘術の世界観では、世の中全体の動き、例えば、社会や政治、スポーツ、芸能、飲食、ファッション、おもちゃやゲーム業界など、あらゆる分野においてユニバーサル・イヤー・ナンバーの影響が出る、と考えられているのです。「5」の年には、新しいサービスや前衛的なものがブームになるかもしれません。

とはいえ数秘術は、「未来はこうなる」と予測し、それを当てにいくものとは違います。あくまでも数の持つエネルギーがどんな影響を及ぼすか、ということを読み解いていくもので、そこには断定や制限などもありません。

例えば「５」の年は、世界が「５」の空気に包まれる、つまり「５」と共鳴するという見方ができますから、「５」に関することを取り入れると、幸運を引き寄せやすくなる、と考えることもできます。

これはパーソナル・イヤー・ナンバー（p.218参照）が示す個人の運気とは別の流れです。社会全体の流れを意味しますから、その流れを意識することは、別の角度から引き寄せを意識することにもつながります。

全体（ユニバーサル・イヤー・ナンバー）の中に、個（パーソナル・イヤー・ナンバー）があるということは、全体の数のエネルギーに、個人のナンバーも影響を受けていくといえます。もちろん「個」（パーソナル・イヤー・ナンバー）から引き寄せを実行していくもできますし、このユニバーサル・イヤー・ナンバーを知ることで、「世の中全体」の流れをつかむことから引き寄せを実行していくことも可能となるのです。

パーソナル・イヤー・ナンバーとの兼ね合い

ユニバーサル・イヤー・ナンバーが、世界を取り巻く運気の流れを表すのに対し、パーソナル・イヤー・ナンバーは個人の運気や、その年を通して学んだり挑戦したりするテーマを表していると考えられています。

ユニバーサル・イヤー・ナンバーは、パーソナル・イヤー・ナンバーのように人それぞれ違うわけではなく、例えば2021年のナンバーは「５」、2022年は「６」、2023年は「７」……となっており、共通してこの数のエネルギーから受ける影響が存在しています。

それでは、このふたつのナンバーをどのように活用していくのがよいのでしょうか。

まずはパーソナル・イヤー・ナンバーを算出し、自身の課題やテーマをみてみましょう。

例えば、パーソナル・イヤー・ナンバーが「３」の人は、楽しむことや創造することがテーマとなる年になります。

ユニバーサル・イヤー・ナンバーが2021年、つまり「５」の年の場合は、行動的なエネルギーに包まれ、変わっていくものが脚光を浴びる年だといえます。

世の中のムードは変化やチャレンジを歓迎する年ですから、「変わる」と決めたことを応援してもらいやすくなるでしょう。その空気感に乗り、変わっていくものに対して、さらなるアイデアを追加したり、変化していくことを楽しんだりする姿勢を持つと、物事がスムーズに進みやすく、幸せを引き寄せやすくなる、と考えられます。

ユニバーサル・イヤー・ナンバーの求め方

運勢を知りたい年をもとに算出します。数字を１桁に分解し、それらをすべて加算し、１桁になるまで還元します。11、22、33になった場合でも、１桁になるまで還元してください。

例：2021年

① 2021を加算して１桁にします。

2＋0＋2＋1＝5

➡ユニバーサル・イヤー・ナンバーは「５」となります。

1
Universal Year Number

ユニバーサル・イヤー・ナンバー

Universal Year Number 1

ニューウェーブの気運が高まりやすいとき

ユニバーサル・イヤー・ナンバー「1」は、「リ・スタート」の年になります。

9年サイクルのトップバッターですから、昨年までとは違った新しい風が社会全体に吹きやすくなり、フレッシュな空気感に包まれるでしょう。政治、文化、学問、芸能などさまざまな分野で、新たな試みに脚光が当たります。新しい制度が導入されたり、新分野の研究が始まったり、未来に定着するような人類の新スタイルが生まれるかもしれません。

新しいものが登場しやすく、また認められやすい流れになるので、今までは、「無理がある、無謀だ」と諦めていたような企画や目標も「1」の年であると、社会的に受け入れられやすくなり、チャンスが生まれそうです。

また、心を開いて社会の新しい風を取り入れるようにすると、視野が広がり、何かを始めたい気持ちがわいてくるかもしれません。

蒔いた種が必ずしも大きな実を結ぶとは限りませんが、この年に始めたことは、芽を出しやすく、順調に育つことが期待できますから、迷っていたことや、内に秘めてきたものなどを、「1」の年にオープンにしてスタートさせてみましょう。

1
Universal Year Number

パーソナル・イヤー・ナンバー１の引き寄せ行動

ユニバーサル・イヤー・ナンバー「１」は、世界的に「新しいもの」に注目が集まる年となります。

自身のパーソナル・イヤー・ナンバーも「１」の場合、今までと違うことを始めたり、新環境に身を置いたりするのに絶好の機会です。

社会の空気感ともマッチしているため、世間のバックアップを受けやすくなり、よい縁を引き寄せやすくなるでしょう。

最高の結果につながる布石を、ぜひこの年に打つようにしてみてください。

パーソナル・イヤー・ナンバー２の引き寄せ行動

ユニバーサル・イヤー・ナンバー「１」は、「新しいもの」がフューチャーされる年。パーソナル・イヤー・ナンバー「２」は、人との関わりを大切にするとよい年ですから、新しい出会いがポイントとなります。今まであまり接してこなかったようなタイプの人や、疎遠になっていた人などと、ぜひ新たな交流を図るようにしてみてください。ゆくゆく、自身が困ったときに手を貸してくれる援軍になるかもしれません。古い縁だけではなく、新しい縁も取り入れることがカギとなります。

パーソナル・イヤー・ナンバー３の引き寄せ行動

ユニバーサル・イヤー・ナンバー「１」は、世界的に、「新商品や新発売、新規事業や新技術」などといった新しいものがもてはやされる年。パーソナル・イヤー・ナンバーが「３」の場合、どんなことも楽しむことで引き寄せが働きますから、注目されている新しいことがちょっと苦手な分野だったとしても、楽しめるポイントを見つけることが大切です。

また、この年にひらめいたアイデアは世間に受け入れられやすい流れですから、臆することなく発表してみるとよいでしょう。

1
Universal Year Number

パーソナル・イヤー・ナンバー4の引き寄せ行動

ユニバーサル・イヤー・ナンバー「1」は、「清々しい空気感」に包まれ、新しいことを取り入れると運気もアップする一年です。

パーソナル・イヤー・ナンバーが「4」の場合、地道に基礎固めをすることがテーマとなる年なので、フレッシュな気持ちで足場固めをするようにしてみましょう。例えば、試したことのない方法で確認作業をしたり、新メンバーを加えてみたりするのも手。すると、ミスや抜けなどが埋まりやすく、より精度の高い状態をキープすることができそうです。

パーソナル・イヤー・ナンバー5の引き寄せ行動

ユニバーサル・イヤー・ナンバー「1」は、「スタート」することで幸運を引き寄せられる年です。パーソナル・イヤー・ナンバー「5」は、「チャレンジ」や「変化」がテーマになる年です。未経験のものに挑戦したり、それによって変化を求めたりすると、成果がはっきりと現れやすくなるでしょう。例えば、新ジャンルのダイエット法にトライしてみるなど。もしかしたら、体型に変化が現れやすくなる、といったことが起こるかも。ふたつの数のパワーが合わされば、結果が出るのも早そうです。

パーソナル・イヤー・ナンバー6の引き寄せ行動

ユニバーサル・イヤー・ナンバー「1」は、世界的に「新しいもの」や「新しい人物」に脚光が当たる年です。パーソナル・イヤー・ナンバーが「6」の人は、「献身的な姿勢」や「人を育てる」ことがテーマとなる年。新しいことに挑戦する人をバックアップしたり、新入生や新入社員、職場に入ってきた新人などを応援したりサポートしたりすると、成果がはっきりと見えてくるかもしれません。

また、新しいペットや植物など、育てるものを身近に置くと、充足感を味わえる年となるでしょう。

パーソナル・イヤー・ナンバー7の引き寄せ行動

ユニバーサル・イヤー・ナンバー「1」は、世界的に新しいものが生み出され、「スピード感」がある一年となります。パーソナル・イヤー・ナンバーが「7」の人は、立ち止まり、見直すことがテーマとなる年。自己啓発にも適した時期なので、視野を広げるために、気になる新刊本を買ってみたり、話題のセミナーや講演会などに参加してみましょう。

とかく内省しがちなこの時期は、流行や新グッズなどを取り入れることで、リフレッシュしながら過ごすことができるはずです。

パーソナル・イヤー・ナンバー8の引き寄せ行動

ユニバーサル・イヤー・ナンバー「1」は、世界的に新しいものに脚光が当たり、「ワクワクした気持ち」が高ぶる年。パーソナル・イヤー・ナンバーが「8」の人は、力がみなぎり、今までの努力が実を結びやすく、成功や達成に縁がある年となりますから、そのパワーを活用しながら、積極的に新しいものを取り入れて気分を高めていきましょう。

新しい考え方や手法を取り入れることで、成功がクローズアップされやすくなり、さらに華やかな一年となりそうです。

パーソナル・イヤー・ナンバー9の引き寄せ行動

ユニバーサル・イヤー・ナンバー「1」は、「新しいもの」に脚光が当たる年。パーソナル・イヤー・ナンバーが「9」の人は、ここでいったん、やってきたことを総括することが大切な年になります。注目を集める新しいことに興味がわいても、すぐに手を出さないこと。まずはすでに取り組んでいることで、区切りをつけたほうがよいものを清算してからにしましょう。

このタイミングで不必要なものをしっかり手放すことが、この先につながる第一歩となります。

2
Universal Year Number

ユニバーサル・イヤー・ナンバー

Universal Year Number 2

手と手を取り合い 一人ではないことを実感する

ユニバーサル・イヤー・ナンバー「2」は、「共存共栄」がテーマとなる年です。

前年「1」の年に、スタートしたことや、脚光を浴びた出来事が少しずつ私たちの生活に浸透して、根づいていくとき。はじめは受け入れ難かったような内容のものも、徐々に受容できるようになり、寄り添うような雰囲気になっていくでしょう。

また、世界的に、手と手を取り合って問題を解決したり、交流を深めたり、結束が強まりやすい風潮にあります。それは国同士の問題であったり、クラス同士、チーム同士、仲間同士、のようなもっと身近なものであったりもします。プラスの方向に相互扶助の関係ができるとよいのですが、結束が強まりすぎて馴れ合いになったり、また、干渉しすぎて、仲がこじれてしまったりすることも起こり得ます。種を蒔いたばかりですから、結果を求めすぎるとうまく育ちません。

対話を重視しながら、相手を容認する姿勢も大事にすると、「2」の年のよい面を享受できる可能性が高まるでしょう。

また、攻めよりは守り、力強いものよりは繊細なもののほうが、受け入れられやすくなる傾向があります。和み系や癒し系、感性豊かなものや人が注目されやすくなる、といえるかもしれません。

2
Universal Year Number

パーソナル・イヤー・ナンバー１の引き寄せ行動

ユニバーサル・イヤー・ナンバー「２」の年は、「つながること」や「人との関わり」が重要となります。

パーソナル・イヤー・ナンバーが「１」の場合、新しいことを始めるのに適した年ですから、心機一転、環境を変えたくなるかもしれません。その際には、人間関係をおろそかにしないことが肝心。それが始めたことをスムーズに進めるコツなので、まずは関わる人と仲よくなること。一人で取り組むのではなく、周囲を味方につけて進めることを意識すると、運を引き寄せやすくなるでしょう。

パーソナル・イヤー・ナンバー２の引き寄せ行動

ユニバーサル・イヤー・ナンバーが「２」の年は、「つながり、協調すること」がテーマになります。パーソナル・イヤー・ナンバーが「２」の場合も、同様につながりを意識する一年になるでしょう。公私ともに大切な人とのつながりが、より深くなる年でもあります。仕事で大事なバディができたり、パートナーと同棲を始めることになったり。結婚への流れが自然にできる可能性も高まりますし、それを自ら決断するのもおすすめです。誰かとつながることで、いっそうの充実感を味わうことができる一年でしょう。

パーソナル・イヤー・ナンバー３の引き寄せ行動

ユニバーサル・イヤー・ナンバーが「２」の年は、「コミュニケーション」に脚光が当たるため、恋人や家族と過ごす時間や、友人や仲間たちとの距離感を大切にしていく必要があります。

パーソナル・イヤー・ナンバーが「３」の場合は、楽しむことを大切にすべき年ですから、家族みんなで楽しめる映画を観たり、大勢で楽しめるようなパーティーや遊びを積極的に取り入れたりするのがおすすめです。また、人と人がつながれるようなアイデアを出し、アクションを起こしていくと、よりハッピー度が増すでしょう。

2
Universal Year Number

パーソナル・イヤー・ナンバー4の引き寄せ行動

ユニバーサル・イヤー・ナンバーが「２」の年は、人との「絆」を強く感じる年になります。パーソナル・イヤー・ナンバーが「４」の場合、着実に物事を具現化していくことが大切な年ですから、足固めのような作業が多くなるかもしれません。そのときは、一人で思案せず、なるべく意識的に周囲の人の意見を聞いたり、協力を仰いだりしましょう。綿密なコミュニケーションを心がけることで、スムーズに物事がはかどるようになるはず。サポートのありがたさを実感できる一年です。

パーソナル・イヤー・ナンバー5の引き寄せ行動

ユニバーサル・イヤー・ナンバー「２」の年は、「人とつながること」や「対話力」がフューチャーされます。パーソナル・イヤー・ナンバーが「５」の場合、チャレンジや冒険をすることがテーマになる年です。人との交流も活発になることでしょう。変化を求めてアクションを起こす際は、一人で決断し行動するのではなく、人を介して新たな世界に飛び込んだり、周囲の人を巻き込んだりしながら、挑戦していくようにするとよいでしょう。一人だと陥りやすい落とし穴なども回避することができ、幸運を引き寄せやすくなります。

パーソナル・イヤー・ナンバー6の引き寄せ行動

ユニバーサル・イヤー・ナンバー「２」の年は、「共生」や「つながり」にスポットが当たります。パーソナル・イヤー・ナンバーが「６」の場合、思いやりや献身的な振る舞いがテーマになりますので、人との距離がぐっと近くなるでしょう。

絆が深まるのはよいことですが、想像以上に頼られてしまうと、肉体的・精神的に疲弊することがあるかもしれません。

そんなときは頑張りすぎず、自身を労る時間も忘れないようにしましょう。

パーソナル・イヤー・ナンバー7の引き寄せ行動

ユニバーサル・イヤー・ナンバー「２」は、「受容」がテーマとなる年。周囲とのつながりを求められことが増える傾向にあります。

パーソナル・イヤー・ナンバー「７」の場合、立ち止まり、内省することが大事な年となりますので、必然的に一人の時間が必要となるでしょう。けれども、この年の世論は、「個」よりも「和」をよしとする雰囲気がありますから、内省する際も人の意見に耳を傾けたり、協力してもらったりすることもひとつの手段。人とつながることで、思わぬ幸運を引き寄せられるかもしれません。

パーソナル・イヤー・ナンバー8の引き寄せ行動

ユニバーサル・イヤー・ナンバー「２」は、「対話すること」に脚光が当たる年で、調和や歩み寄りがテーマとなります。パーソナル・イヤー・ナンバーが「８」の場合、成功や結実に縁があり、自信がみなぎる年です。そのため、自分中心に物事を考えがちになる傾向があります。さらにこの年を充実させるためには、周囲の人たちのありがたみを自覚することが大切。目標を達成したとき、共に祝ってくれる人がいれば、喜びも倍になるはずです。応援してくれた人への感謝の気持ちを表現することも忘れないようにしましょう。

パーソナル・イヤー・ナンバー9の引き寄せ行動

ユニバーサル・イヤー・ナンバー「２」の年は、「つながること」がテーマになりますが、パーソナル・イヤー・ナンバーが「９」の場合、今までの流れを総括して区切りをつける時期となり、身辺整理について考えさせられるでしょう。この年に大事なのは、「つながる」ことの本当の意味をじっくり考えること。本当に大切な縁は強化し、「つながる」ことがマイナスになるなら、ここでしっかりと清算したほうがよい可能性も。ただし、その際は慎重にすることが大切です。

3
Universal Year Number

ユニバーサル・イヤー・ナンバー

Universal Year Number

3

クリエイティブな才能が刺激され、芽を出し始める

ユニバーサル・イヤー・ナンバー「３」は、「創造」がテーマとなる年です。

「２」の年で、世界は「共存共栄」の雰囲気が高まりました。そこで作られた「和」の中から、「３」の年ではクリエイティブな人たちや、アイデアあふれる作品にスポットライトが当たり、フューチャーされていく一年になります。

一見関係のないものが出合って化学反応を起こし、かつてないようなものが出現したり、新しい考え方やオリジナリティーの強い作品、発明品などが世の中を席巻していく可能性もあるでしょう。こうして何もなかった場所から、新たなものが生まれる過程においては、「無」の時間が生まれることも。でもそれは、周りから「無」に見えるだけのこと。頭の中で、ああでもない、こうでもない、と考える時間こそが、「３」の年には大きなヒントを引き寄せるポイントとなります。

そして、一見無駄と思われるような「無」の過程で、試行錯誤が繰り返され、駄作や失敗などが現れ始めたその先に、一世を風靡するような創造物が生まれるでしょう。この一連の作業は、できるだけ楽しみながら行うことが大切。なぜならリラックスして発想がフレキシブルになったときこそ、クオリティーの高い創造物が生まれるからです。

パーソナル・イヤー・ナンバー１の引き寄せ行動

ユニバーサル・イヤー・ナンバー「３」の年は、「創造すること」がテーマとなり、新進気鋭の人がクローズアップされる予感。パーソナル・イヤー・ナンバーが「１」の場合、新たなスタートへの気持ちが高まってきますから、クリエイティブな仕事に関わることで何かを始めるとうまくいくでしょう。また異彩を放つ人と関わると、今まで自分でも気づかなかったような隠れた才能が芽を出す可能性も。

ただ、心踊らないものは長く続かないので、新しいことをスタートする際には、なるべく胸が高鳴るものを選ぶようにしましょう。

パーソナル・イヤー・ナンバー２の引き寄せ行動

ユニバーサル・イヤー・ナンバー「３」は、「クリエイティブ性」を大切にすると輝きが増す年。パーソナル・イヤー・ナンバーが「２」の場合、人との関わりが密になっていく年になります。距離の近い家族や恋人、古くからの友達や、いつも顔を合わせる会社の同僚たちと過ごすことはもちろん大切ですが、この「３」の年は、意識的にいろいろな人と会う機会を持つようにしましょう。

新しい人との出会いによってインスパイアされることも多く、新たな活路が見出せる可能性が、より高まります。

パーソナル・イヤー・ナンバー３の引き寄せ行動

ユニバーサル・イヤー・ナンバー「３」は、世の中に「今までなかった概念や作品」に光が当たる年。自身のパーソナル・イヤー・ナンバーも「３」であれば、同様にクリエイティブ志向が強まります。何もないところから何かを生み出す作業が面白く感じられたり、遊びを取り入れたり、工夫することで創造性が磨かれたりするでしょう。

思いついたアイデアや企画は、ためらうことなく発言してみましょう。ＳＮＳも最大限に活用するのがおすすめ。賛同の声が上がり、思いもよらぬ発展を遂げるかもしれません。

3
Universal Year Number

パーソナル・イヤー・ナンバー4の引き寄せ行動

ユニバーサル・イヤー・ナンバー「3」は、「クリエイティブなもの」が脚光を浴びる一年です。パーソナル・イヤー・ナンバーが「4」に当たる場合、アイデアなどを具現化していくことがテーマとなります。この年に生まれた新しい概念や発想を「どうやって現実に落とし込んで、よりよいものにするか」を、考える役割が回ってくるかもしれません。

地道な作業になるかもしれませんが、うまく合致すると、大きな功績となる可能性もあるでしょう。

パーソナル・イヤー・ナンバー5の引き寄せ行動

ユニバーサル・イヤー・ナンバー「3」の年は、「新たに生み出されたもの」に注目が集まり、世間に認められていく流れがあります。パーソナル・イヤー・ナンバーが「5」の場合、変化を取り入れて、挑戦をしていくことがテーマとなる年です。世の中で流行しているものを取り込みながら、自分自身の生活環境を変えてみたり、冒険をしたりすると、物事がよい方向に動き出すかもしれません。同時に、変化を楽しむ余裕を持つようにすると、さらに幸運を引き寄せやすくなるでしょう。

パーソナル・イヤー・ナンバー6の引き寄せ行動

ユニバーサル・イヤー・ナンバー「3」の年は、「クリエイティブな才能」を持った人物や作品が次々とフューチャーされていきます。パーソナル・イヤー・ナンバーが「6」の場合、人のために尽くすことが自身の成長につながりますから、新たに登場してきた人や作品、アイデアなどを見守り、応援し、バックアップするような役割を担うようにすると、充実した一年となるでしょう。ただし、サポートに入れ込みすぎず、自分のやらなければならないルーティンワークとのバランスをうまく保つように心がけてください。

パーソナル・イヤー・ナンバー７の引き寄せ行動

ユニバーサル・イヤー・ナンバー「３」は、「クリエイティブな考え方」や作品がクローズアップされる年になります。パーソナル・イヤー・ナンバー「７」は、立ち止まって内省することがテーマとなるため、分析力やリサーチ力が必然的に高まりそう。ですから、世の中に新しく出回り始めた物事を、じっくり観察してみると、さらに改良点が発見されたり、よりブラッシュアップをする手立てが浮かんだりするでしょう。その気づきによって周囲からの評価が上がり、リスペクトされることがあるかもしれません。

パーソナル・イヤー・ナンバー８の引き寄せ行動

ユニバーサル・イヤー・ナンバー「３」は、「今までなかった概念」が次々と生まれて、フューチャーされていく流れになる年。パーソナル・イヤー・ナンバー「８」は、積極的に行動することで、成功をたぐり寄せたり、財力アップにつながる年となります。アンテナを張って、世間で流行っているクリエイティブな物事に、いち早く目をつけるとよいでしょう。食指が動いたものに投資するのも、この年の引き寄せ行動といえます。社会の動きに注目して、パワフルに動くことで運気がさらにアップしていくはずです。

パーソナル・イヤー・ナンバー９の引き寄せ行動

ユニバーサル・イヤー・ナンバー「３」の年は、「今までになかった概念や物事」が世の中に多く発信されていきます。パーソナル・イヤー・ナンバーが「９」の場合、身の回りの出来事を一度見直し、いるもの、いらないものの区別をしっかりつけることが大事な年。新しいもの、流行っているものはしっかりと取り入れながらも、それだけに惑わされず、自分にとって本当に必要なものを、きちんと取捨選択する勇気を持つようにしましょう。身軽になれば、力がみなぎり、次の年に向けてよりよい力を発揮できるようになるはずです。

4
Universal Year Number

ユニバーサル・イヤー・ナンバー

Universal Year Number

4

地道な検証作業が今後の発展をもたらす

ユニバーサル・イヤー・ナンバー「4」は、「安定」がテーマとなる年です。

前年「3」の年で、世間にはクリエイティブな考え方や物事が次々と生まれ、楽しい雰囲気が高まりました。そこには少々、勢い任せだったり、加熱気味だったところも見つかり、この年は、そろそろ世間がクールダウンを求めるようになっていきます。

「3」で生まれた斬新なアイデアや、見たことのないタイプの作品は、荒削りな状態のものもあり、よく見ると欠点や今後の課題などを残している場合もあるでしょう。それらを「4」の年では、しっかりと検証し、時間をかけて改善・改良を行なうことが必要となります。

ですから、前年のように目新しいものや面白いものなどが爆発的にブームになるというよりは、基礎を築くためのこと、裏方や地道な作業などにスポットライトが当たりやすくなり、これらに称賛の声が上がることも増えそうです。

一見、華やかさに欠ける印象の一年になるかもしれませんが、安定なくしては、今後の発展もあり得ません。また、その地道な作業を行ってこそ、「3」で生まれた創造物はさらなる活気を与えられ、長く生活に息づくものとなっていくのです。

パーソナル・イヤー・ナンバー1の引き寄せ行動

ユニバーサル・イヤー・ナンバー「4」の年は、「確実さ」が求められるため、慎重に進むことが重要になります。パーソナル・イヤー・ナンバー「1」は、新たなことを始めたい気持ちが高まる年になりますから、何かをスタートするときには、「きちんと準備は整っているか」「リスクを回避できる手段があるか」など、一度立ち止まって、検証してから動き出すようにするとよいでしょう。いきなり二段飛び、三段飛びで発進するのではなく、まずは基礎を固め、そこから一気にアクセルを踏んでいくと、よりよい発展を遂げることができます。

パーソナル・イヤー・ナンバー2の引き寄せ行動

ユニバーサル・イヤー・ナンバー「4」の世の中は、「安定した空気感」に包まれます。パーソナル・イヤー・ナンバー「2」は、人間関係を大切にすることがテーマになる年となりますから、まずは、一番身近にいる人との関係をより強固なものにすることに注力してみてください。いつも当たり前にそばにいてくれる人の心に寄り添い、感謝の気持ちをちゃんと伝えれば、絆がより深まって安定した生活を送ることができるでしょう。生活の基盤を万全にすることで、心穏やかな充実した一年になるはずです。

パーソナル・イヤー・ナンバー3の引き寄せ行動

ユニバーサル・イヤー・ナンバー「4」は、基礎をしっかりと固めて「着実に進む」ことが求められる年となります。パーソナル・イヤー・ナンバー「3」は、創作意欲や新たなアイデアが次々とわき出し、それを楽しもうとする気持ちが高まるでしょう。ともすれば、気持ちが先走って即行動に出てしまうこともありそうです。

きちんと足元の状態を確認してから動いたほうが、幸運を引き寄せやすくなりますから、楽観的な急発進は避け、楽しむ気持ちを大事にしながらも、一歩一歩を踏みしめていきましょう。

4
Universal Year Number

パーソナル・イヤー・ナンバー4の引き寄せ行動

ユニバーサル・イヤー・ナンバー「4」は、「安定しているもの」に光が差す年回りです。パーソナル・イヤー・ナンバー「4」のテーマも「足元固め、基礎固め」ですから、世の中の空気に同調しやすいはず。まずは、自分が今までやってきたことを見つめ直して、穴があればここでしっかりと埋める作業をしましょう。地道な作業にもスポットライトが当たり、評価をされることが多くなる年です。自分のベースアップを図るだけでも、周りからの信頼が厚くなり、やりがいを感じることができるはず。

パーソナル・イヤー・ナンバー5の引き寄せ行動

ユニバーサル・イヤー・ナンバー「4」は、「安定」がテーマとなる年。一方、パーソナル・イヤー・ナンバー「5」は、「変化」や「冒険」がテーマとなりますから、持ち味を存分に発揮するのは、なかなか勇気がいるかもしれません。この年に大事なのは「足元が安全であるかどうか」。それが確認できたなら、あとは思い切ったチャレンジをしてもよいのです。ただし、周りからは「無謀な挑戦」と思われることも。風当たりが強くても、この年の変化は今後の成長につながると信じて踏み出してください。

パーソナル・イヤー・ナンバー6の引き寄せ行動

ユニバーサル・イヤー・ナンバー「4」の世の中は、活発に動き回るというよりは「堅実で落ち着いた空気感」に包まれます。パーソナル・イヤー・ナンバー「6」は、周りとの調和や配慮、育成力などがテーマとなるため、自分が表に出るよりも、身近な人をバックアップする裏方に回ると、運気を引き寄せられそうです。例えば、親の介護をすることで気持ちが満たされたり、子供や恋人のために、かいがいしく動くことで、その人たちが成功を収めたり。一見自分には関係ない功績でも、ゆくゆくは自らの糧になっていくはずです。

パーソナル・イヤー・ナンバー7の引き寄せ行動

ユニバーサル・イヤー・ナンバー「4」の世の中は、「安定しているもの」をよしとする雰囲気に包まれます。パーソナル・イヤー・ナンバー「7」は、観察力や洞察力が高まる年。世の中の動きをじっくりと観察し、自分が何をすれば運を引き寄せられるかを考察しましょう。よく検討した上で、「これをやったら社会の安定に貢献できる」と思うことがあれば、ぜひそれを突き詰めてみてください。しっかりと分析をしたあとの行動であれば、よりよい安定が生まれ、この先、確固たる基盤となってくれるはずです。

パーソナル・イヤー・ナンバー8の引き寄せ行動

ユニバーサル・イヤー・ナンバー「4」の年は、「慎重な空気」が流れます。パーソナル・イヤー・ナンバー「8」は、責任あるポジションに就きやすく、奮起するべき年。そのためこの時期は、野心に燃えて突き進みたくなるかもしれません。ですが、まずは基礎固めを意識し、少し時間がかかっても丁寧に進めていくことが大切です。回り道だと思うくらいの手順を踏むようにすると、幸運を引き寄せやすくなります。一歩一歩進んでいくことが、結局は成功への近道だということを学ぶでしょう。

パーソナル・イヤー・ナンバー9の引き寄せ行動

ユニバーサル・イヤー・ナンバー「4」の世の中は、「慎重な姿勢」と「安定感」が評価されやすい流れです。パーソナル・イヤー・ナンバー「9」は、今持っているもの、今までやってきたことに区切りをつけ、不要だと感じるものは手放す時期に入ります。解き放すことで幸運を引き寄せやすくなるのですが、大事なのは勢い任せにしないこと。じっくり考えた上で、「やはりここでピリオドを打とう」と結論づけることが大切です。そうすれば、後悔することもなく、すっきりと次に進むことができるでしょう。

5
Universal Year Number

ユニバーサル・イヤー・ナンバー

Universal Year Number 5

変化することを恐れずに自由に大胆に枝葉を伸ばす

ユニバーサル・イヤー・ナンバー「５」は、「変化」がテーマとなる年です。

前年の「４」の年は、「基礎固め」や「安定感」が大切にされる風潮でした。人間関係が強固になったり、仕事の骨子を組み立てる土台が作られたりして、飛躍前の準備が万全に整ったといえるでしょう。

しっかりとした基盤の上には、大きなものでも高いものでも、積み上げることができます。「５」の年では、自由に、そして大胆に振る舞うことが可能となるのです。

他人の目を気にすることなく、心の赴くままに生きる冒険的な生き方は、憧れの的となり、多くの人の目に留まるでしょう。

また、好奇心を刺激するものや大胆なもの、感覚的なものがもてはやされやすく、「既成概念にとらわれない」ものがキーワードとなってスポットライトを浴びそうです。

ただし、「新しいスタイルだからなんとなくカッコよく見えた」というパターンや、「刺激が強いからただ目を引いただけ」というような深みのないものは、あっという間に飽きられ、一過性のブームに終わるかもしれません。うわべだけの自由奔放さは、本当の意味での「変化」にはたどり着くことなく、淘汰されることになるでしょう。

パーソナル・イヤー・ナンバー１の引き寄せ行動

ユニバーサル・イヤー・ナンバー「５」の世の中は、「チャレンジ精神」が称えられ、自由闊達な行動が評価されやすい環境にあります。パーソナル・イヤー・ナンバー「１」は、新たなことに挑戦したり、心機一転やり直したりするのに適した時期。そのため「無謀かもしれない」と、ためらって先延ばしにしてきたことがあれば、ここで思い切って挑戦しましょう。この時期にスタートしたことは、周囲からのバックアップもあって軌道に乗りやすく、始めてみてよかった、と思える結果を引き寄せることができるはずです。

パーソナル・イヤー・ナンバー２の引き寄せ行動

ユニバーサル・イヤー・ナンバー「５」の年は、「チャレンジ」や「変化」することが評価されやすい空気感に包まれています。パーソナル・イヤー・ナンバー「２」は、コミュニケーションを大切にすることがテーマです。家族や恋人、古くからの友達と密に交流するだけではなく、この年は、新たな交友関係を構築することにチャレンジしてみましょう。同じ職場にはいるけれど、あまり話したことがない人や、苦手意識がある人などとも積極的に関わると、新しい世界への扉が開かれるかもしれません。

パーソナル・イヤー・ナンバー３の引き寄せ行動

ユニバーサル・イヤー・ナンバー「５」は、「チャレンジ」や「変化」がキーワードとなる年です。パーソナル・イヤー・ナンバー「３」は、楽しむことがテーマの年。創作意欲が増して、あれこれとアイデアが浮かぶでしょう。ひらめきや創作物は、ぜひ多くの人の目に留まるよう、発表することを心がけてください。ブログに載せたり、SNSなどで世界に配信したりするのもおすすめです。動きの激しい「５」の年には、想像以上の広がりを見せ、思いがけず世間の注目を浴びる可能性も高いでしょう。

5
Universal Year
Number

パーソナル・イヤー・ナンバー４の引き寄せ行動

ユニバーサル・イヤー・ナンバー「５」の年は、「変化」することがフューチャーされるため、世間の動きが激しく、時間の流れが速く感じられるかもしれません。パーソナル・イヤー・ナンバー「４」は、「安定」がテーマの年なので、基礎固めをしっかりとすることが重要になります。自分の土台はしっかりと固めつつ、変化も取り入れてみると、幸運を引き寄せやすくなるでしょう。基盤作りを心がけつつ、時間管理を上手に行い、ときには大胆な挑戦もして、変化の波に食らいついていってください。

パーソナル・イヤー・ナンバー５の引き寄せ行動

ユニバーサル・イヤー・ナンバー「５」の年は、「未来志向で変化」することにスポットライトが当たります。パーソナル・イヤー・ナンバー「５」も、まさに「変化」と「挑戦」がテーマとなりますから、変わることを恐れずに時代の波に乗って行動しましょう。

ライフスタイルを変えたい人は、思い切って仕事や住む場所を変えてみたり、大胆と思われるような冒険をしたりすることも幸運を引き寄せやすくなるはず。無謀だと思われるようなことも、この年であれば追い風が吹きそうです。

パーソナル・イヤー・ナンバー６の引き寄せ行動

ユニバーサル・イヤー・ナンバー「５」は、「変化するもの」や「挑戦する姿勢」が評価されやすい年になります。パーソナル・イヤー・ナンバー「６」は、人をサポートすることで運を引き寄せやすくなる年です。もし身近に、「○○になりたい！」と頑張っている人や、チャレンジしようとしている人がいるなら、積極的にサポート役を引き受けてみましょう。彼らの成功にひと役買うことで、自身の評価が高まったり、信頼が深まったりするなどの副産物を手に入れることができそうです。

パーソナル・イヤー・ナンバー7の引き寄せ行動

ユニバーサル・イヤー・ナンバー「5」の年は、「変わること」にスポットライトが当たる年になります。パーソナル・イヤー・ナンバー「7」は内省することがテーマの年です。これまでこだわり続けてきたポイントには、あえて執着しないようにしてみましょう。

切り口を変えたり、インスピレーションがわいたものを探究するのもおすすめ。「これは絶対だ。間違いない」と信じていたものを、違った角度から眺めることができると、変化が生じて、自分にとってプラスの影響をもたらしてくれるかもしれません。

パーソナル・イヤー・ナンバー8の引き寄せ行動

ユニバーサル・イヤー・ナンバー「5」は、「変化」や「冒険」に注目が集まる年です。パーソナル・イヤー・ナンバー「8」は、行動力が増して、意欲的に物事へ関わることができるでしょう。今まで経験したことのないジャンルに挑戦してみると、驚くようなチャンスに恵まれたり、思いもよらぬ成功を収めたりする可能性も。

環境を変えて新しいものを生活に取り入れてみることもおすすめです。それがチャンスを引き寄せ、地位や名誉などの輝かしい功績を手に入れることができるかもしれません。

パーソナル・イヤー・ナンバー9の引き寄せ行動

ユニバーサル・イヤー・ナンバー「5」は、「変化」がキーワードとなる年です。パーソナル・イヤー・ナンバー「9」は、今まで続けてきたもの、頑張ってきたことを総括し、不要と思うものは思い切って整理し、収束させる時期となります。目標を変更したり、やってきたことにピリオドを打つのは、なかなか勇気のいる作業かもしれません。ですが、世間の波長に合わせ、変わることを恐れずに決断すると、幸運を引き寄せることにつながるはず。この時期の変化は、プラスの結果を招き入れることになるでしょう。

6
Universal Year Number

ユニバーサル・イヤー・ナンバー

Universal Year Number 6

居心地のよい環境を作り 愛を与えて育んでいく

ユニバーサル・イヤー・ナンバー「6」は、「育てる」ことに脚光が当たる年です。前年「5」の年では、自由に羽を伸ばし、チャレンジすることを称賛するムードがありました。そのため、変化や成長を遂げやすかったともいえます。ひと回り大きくなった段階を経た「6」の年は、何かを人に与える側、育てる側にスポットライトが当たるようになるでしょう。

社会全体において、子供を育てる、ということが注目されるのはもちろん、例えばペットや植物を育てたり、後輩や部下を指導したり、生徒の知識を増やすために尽力したり、チームやクラブを強化するなど、人やものを育てることが取り上げられたり、またそういったことに関わる人が増えそうです。実際に、子育てにまつわる事業や、学校や塾などの教育産業、ペット産業、会社の人材育成事業などに追い風が吹き、発展する兆しがあります。

一方で、「5」の年で大きく環境が変わったり、ハードルの高い挑戦をした人は、今年は調整を求められるかもしれません。撤退したり元の状態に戻す必要があるわけではありませんが、少々行きすぎたと思う部分があれば修正したり、周囲の意見なども聞きながら、ベストな位置を探ると、バランスのよい環境が整うでしょう。

パーソナル・イヤー・ナンバー1の引き寄せ行動

ユニバーサル・イヤー・ナンバー「6」は、「献身的なムード」が漂う年になります。パーソナル・イヤー・ナンバーが「1」の場合、新しいことを始めるとよい年ですから、何かを育成することを始めたり、誰かをバックアップしたり、指導する立場を目指したり、積極的に周囲を育てるような役割に関わっていきましょう。

関わった人たちが成長し、実力を発揮していくとともに、自身にも学びがあったり、評価されたり、また結果としてリーダーシップを発揮する機会にも恵まれそうです。

パーソナル・イヤー・ナンバー2の引き寄せ行動

ユニバーサル・イヤー・ナンバー「6」は、「育てること」にスポットライトが当たる年。パーソナル・イヤー・ナンバーが「2」の年は、協調性やコミュニケーションを大切にすると幸運を引き寄せやすくなります。そのため、育成に関わるような人間関係を築く努力をしていきましょう。それは、教える側と教えられる側、世話する側と世話される側といった、一方通行的なやり取りではありません。立場を超えてコンタクトをとる回数を増やし、相手の意見を汲み取るようなやり取りをすると、よりいっそう絆を深めることができそうです。

パーソナル・イヤー・ナンバー3の引き寄せ行動

ユニバーサル・イヤー・ナンバー「6」の年は、「育成」に関する人やものに脚光が当たる年。パーソナル・イヤー・ナンバーが「3」の年は、楽しいことを引き寄せられたり、クリエイティブな才能が冴えたりするときでもありますから、ぜひ、「育てる」ことに関連した分野に進出してみるのがおすすめです。

例えば、子供たちにゲームを使って勉強を教えるとか、ペットや植物を育てる新しいブームを作るなど、柔軟な発想力で自分も周囲も楽しめるようなアイデアを出すと、注目を浴びやすくなります。

6
Universal Year
Number

パーソナル・イヤー・ナンバー4の引き寄せ行動

ユニバーサル・イヤー・ナンバー「6」は、「育成」することがカギとなり、それに関わる人やもの、仕組みなどが評価されやすくなります。パーソナル・イヤー・ナンバーが「4」の場合、基礎を固めることがテーマとなる年ですから、人材育成の新しいシステムを構築したり、これから基礎を覚える新入生や新入社員などの教育に携わると、運を呼び込むことができそうです。

その功績が評価されたり、感謝されたりして、自身も恩恵を受けるようになるでしょう。

パーソナル・イヤー・ナンバー5の引き寄せ行動

ユニバーサル・イヤー・ナンバー「6」は、「育成」に関する人や事柄に脚光が当たる年です。パーソナル・イヤー・ナンバーが「5」の年は、これまでの自分を変化させる一年になります。今まで「育てる」ということに関わってこなかった人ほど、この分野に関わることで、新たな発見があったり、自分の才能に気づいたりする可能性が高まるでしょう。

新しくチャレンジした方向が、思わぬチャンスやきっかけとなり、次なる冒険に乗り出すことになるかもしれません。

パーソナル・イヤー・ナンバー6の引き寄せ行動

ユニバーサル・イヤー・ナンバー「6」は、「愛を持って育てる」ことがフューチャーされる年です。パーソナル・イヤー・ナンバー「6」も同じテーマとなります。自身の愛情によって、恋人や家族との関係が深まる可能性が高いでしょう。また、会社や学校への愛が強まったり、ボランティア活動に精を出したり、人や世の中のために奉仕する機会が増えるかもしれません。

世間の流れともマッチするため、大いに幸運を引き寄せることができるはず。ただし愛の押し売りには気をつけましょう。

パーソナル・イヤー・ナンバー7の引き寄せ行動

ユニバーサル・イヤー・ナンバー「６」の年は､「育成」することにスポットライトが当たります。パーソナル・イヤー・ナンバーが「７」の年は、物事を深めていくのによい年です。例えば「教育」についての知識を専門的に学んでみたり､「育てる」とはどういうことかを自分なりに模索したりすると、これまで見出せていなかった答えが見えてくることも。

自分なりに得た答えや真理を世間に投げかけてみることで、大きな一石を投じる可能性もあるでしょう。

パーソナル・イヤー・ナンバー8の引き寄せ行動

ユニバーサル・イヤー・ナンバー「６」の世の中は､「献身的な愛」に注目が集まりやすくなります。パーソナル・イヤー・ナンバーが「８」の年は、この時期、バイタリティーにあふれ、行動力がアップするでしょう。ともすれば、人を支配できるほどの威力を持つ可能性もあるため、常に、その行動に「愛があるかどうか」を意識するようにしてください。

愛にあふれた行動は、たくさんの人たちを幸せにし、またそれに伴って大きな功績を残すこともできるでしょう。

パーソナル・イヤー・ナンバー9の引き寄せ行動

ユニバーサル・イヤー・ナンバー「６」の年は､「調整」が世の中のムードとなります。パーソナル・イヤー・ナンバーが「９」に当たる場合は、自分のやってきたことを振り返り、一度区切りをつけるとよい年です。

たとえ望み通りの結果が出ていなかったとしても、まずは状況を見直し、調整していきましょう。振り返ることで、どこを整理したらよいかがわかるはず。清算すべきことをちゃんと清算すると、よい流れを生み出すことができます。

7
Universal Year Number

ユニバーサル・イヤー・ナンバー

Universal Year Number 7

内省で質を高めて バージョンアップを図る

ユニバーサル・イヤー・ナンバー「7」は、「見直す」ことに焦点が当たる一年となります。

晴れ舞台のその裏には、綿密な準備とそこに至るまでの努力があるもの。そのために「7」の年は、リサーチをしたり、データを集めたりして、問題点の発見と解決方法を探る空気が高まるでしょう。

社会でも、マイナーチェンジが繰り返されて、リニューアル商品の発売やリフォームがブームになるなど、見た目には大きな違いがないものの、小さな改良がなされたものにスポットライトが当たりそうです。

さらに、自分を高めるためのセミナーや習い事、啓発本などにも多くの人々が興味を持つようになるでしょう。

この年の懸案事項は、はっきりした解決策には至らなくても、それに向けた話し合いが重ねられ、よりよい方向を目指して努力される期間となります。

ともすると、なんの進展もない停滞期に思われがちですが、この期間がなければ成功はあり得ない、といっても過言ではありません。ここでしっかりと練られたもの、考えられたものが、いずれ形を変えて世の中で脚光を浴びていくことになるでしょう。

パーソナル・イヤー・ナンバー1の引き寄せ行動

ユニバーサル・イヤー・ナンバー「7」は、「考察力」が重要視される傾向があります。パーソナル・イヤー・ナンバー「1」の人は、新しいことを始める好機です。ただしこの年は、勢い任せにスタートさせるのではなく、まずは「なぜこれを始めるのか」という根本的な部分を確認することから始めるとよいでしょう。また、最終的なゴールを設定し、考えられるリスクやその回避方法なども考慮しているとベストです。その上でスタートさせたことは、長続きして成果に現れやすくなるでしょう。

パーソナル・イヤー・ナンバー2の引き寄せ行動

ユニバーサル・イヤー・ナンバー「7」の世の中は、「じっくりと考察する雰囲気」が高まります。パーソナル・イヤー・ナンバーが「2」に当たる場合は、調和や歩み寄りがテーマとなりますから、人としっかり向き合うことが重要な年です。

絆を深めるには最適な年となりますから、本当に大切な人との関係を深めていくとよいでしょう。たとえ関係がこじれたとしても、焦らないこと。相手が心を開いてくれるまで、辛抱強く対応していくことがカギとなります。

パーソナル・イヤー・ナンバー3の引き寄せ行動

ユニバーサル・イヤー・ナンバー「7」は、一度立ち止まり、「内省する雰囲気」が高まります。パーソナル・イヤー・ナンバー「3」は、創造性を発揮することが幸運を引き寄せるタイミングの年です。
「慎重に、熟考して」という社会全体の流れは考慮しつつも、常にユーモアを忘れずに、創造性を高めていきましょう。ここでじっくりと練ったことが、のちに大きな明るいニュースにつながる可能性も高く、笑顔を呼び込むきっかけとなることも多いはず。

パーソナル・イヤー・ナンバー4の引き寄せ行動

ユニバーサル・イヤー・ナンバー「7」の世の中は、「分析したりリサーチしたり、熟考する雰囲気」が社会全体に高まります。パーソナル・イヤー・ナンバーが「4」の年は、基礎固めがテーマとなりますから、今、自分に欠けているものは何かを分析したり、やるべきことを調べたりするのに適した時期といえるでしょう。

堅実に足元を見直している姿は、周囲からも評価を得られるはず。「あの人なら信用がおけそうだ」といったイメージを持たれることで、運をさらに引き寄せられそうです。

パーソナル・イヤー・ナンバー5の引き寄せ行動

ユニバーサル・イヤー・ナンバー「7」は、「見直す」ことがテーマの年。立ち止まって検証したり、内省したりする雰囲気が社会全体に広まります。パーソナル・イヤー・ナンバー「5」は、変化を求めて自由奔放に行動することで幸運を引き寄せやすくなる年です。

動き出す前に、しっかりと情報を仕入れたり、分析をしたり、クールダウンの期間を設けるようにすると、さらなる運を引き寄せることができるでしょう。そうすることで、たとえ最初は無鉄砲な計画でも、よい結果を招くことができそうです。

パーソナル・イヤー・ナンバー6の引き寄せ行動

ユニバーサル・イヤー・ナンバー「7」の世の中は、「考察力を磨いて真実を求める」風潮が強まります。その流れで、もしかしたら孤立感を抱える人が増える可能性も。パーソナル・イヤー・ナンバー「6」は、献身的に尽くしたり、人を案じたりすることがテーマとなる年です。そのため、落ち込んでいる人や先行きに悩みを抱える人が気になるかもしれません。不安を感じている人たちに関心を向け、救いの手を差し伸べることができれば、自身の課題も達成し、充実感を味わうことができるでしょう。

パーソナル・イヤー・ナンバー7の引き寄せ行動

ユニバーサル・イヤー・ナンバー「7」の世の中は、「深い考察力と地道な検証作業」が求められる年。パーソナル・イヤー・ナンバー「7」も、内省がテーマとなる年です。社会の流れとも合致しますから、自分自身をしっかり見つめ直してみましょう。

もし足りない知識があると感じたならば、書店に足を運んでみるのもおすすめです。きっとよい指南書に出合えるはず。また、それにまつわる講習やイベントなどに参加するのも、自らの成長を促すのに効果的ですし、幸運を引き寄せやすくなるでしょう。

パーソナル・イヤー・ナンバー8の引き寄せ行動

ユニバーサル・イヤー・ナンバー「7」は、「熟考すること」が社会全体のムードとなる年。パーソナル・イヤー・ナンバー「8」は、大きな成果が期待できる年です。成功をしっかり手にするためには、疑問に思ったことは徹底的に調べ、成果が出てくるまで粘り強く待つ姿勢が幸運を引き寄せるポイントとなります。勢いに任せて行動すると、思わぬ落とし穴にはまったり、収穫前に実が落ちてしまう可能性が高まるので、行動に移す前に、リサーチと分析を忘れないようにしましょう。

パーソナル・イヤー・ナンバー9の引き寄せ行動

ユニバーサル・イヤー・ナンバー「7」は、しっかりと周囲を観察し、真意を汲み取る「洞察力」が社会全体に広まります。パーソナル・イヤー・ナンバー「9」は、ここまで続けてきたことを一度総括して区切りをつける年です。その際には、さまざまな角度から、続けるべきかどうかを検討すると、幸運を引き寄せやすくなるはず。自分だけでは判断しかねるのであれば、他人からのアドバイスをもらったり、目標設定を変えてみたりするのもよいでしょう。

8
Universal Year Number

ユニバーサル・イヤー・ナンバー

Universal Year Number

8

今までの努力が実り 大輪の花が開く

ユニバーサル・イヤー・ナンバー「８」は、「発展」を遂げる年になります。

前年「７」の年で、内省し、修正すべき点を見つけて改善を行っていればいるほど、点と点が線となり、面となって、大きな形＝実績として私たちの前に現れるでしょう。

前年までに努力を重ねてきた企業は、ヒット商品を生み出したり、業績が上向いたりするなど、景気がよくなる兆しもあります。

また、カリスマ的な指導者の出現や、圧倒的な人気を誇るスターが登場し、老若男女を巻き込む一大ブームが生まれるなど、ビッグウェーブとなる話題が尽きないかもしれません。

それらの流れを絶やさないために、また、さらに大きくするために、私たちはその流れに乗り、消費活動に貢献して、社会全体を盛り上げていく必要がありそうです。お金を使うことで経済の発展を促せば、巡りめぐって、自分たちの生活も潤っていくでしょう。

また、目標に向けて重ねてきた努力が実り、達成感を味わう人が増えるかもしれません。一人ひとりのエネルギーもアップする可能性がありますから、この時期の活動によっては、地位や名誉を得るような功績につながる場合もありそうです。

パーソナル・イヤー・ナンバー1の引き寄せ行動

ユニバーサル・イヤー・ナンバー「8」は、さまざまなことが大きく動き出し、「発展の兆し」の見える年となりそうです。パーソナル・イヤー・ナンバーが「1」に当たる場合は、新たなことをスタートさせると幸運を引き寄せやすくなります。世間の風潮に合わせて、ためらっていた事柄にも思い切ってチャレンジしてみましょう。

この時期に始めたことは、とんとん拍子に進んだり、当初の目標を軽々と達成したりするかもしれません。その先には、もう一段高いステージが用意される可能性も。

パーソナル・イヤー・ナンバー2の引き寄せ行動

ユニバーサル・イヤー・ナンバー「8」は、「停滞していたことが大きく動き出す兆し」が高まる年。パーソナル・イヤー・ナンバー「2」は、こまめなコミュニケーションを大事にし、協調性を養うことがテーマとなります。そのため、気になっていた人間関係の修復や、チームワークが重要となるタスクに関わってみると、幸運を引き寄せやすくなるでしょう。

ほんの少しの歩み寄りが、大きな一歩となり、予想をはるかに超えるプラスの関係に発展する可能性もありそうです。

パーソナル・イヤー・ナンバー3の引き寄せ行動

ユニバーサル・イヤー・ナンバー「8」は、さまざまなことが「発展へ向けて大きな広がり」を見せる年になります。パーソナル・イヤー・ナンバーが「3」の人は、クリエイティブ志向が高まり、アイデアが次々とわき出してきそう。

小さな点でも、大きな輪に広がりやすい年回りですから、ぜひ、ひらめいた案や作品を世間に発表してみてください。たくさんの人々の知るところとなったり、気がつけば地位や財力につながっていたり、嬉しい結果を受け取ることができるかもしれません。

8

Universal Year Number

パーソナル・イヤー・ナンバー4の引き寄せ行動

ユニバーサル・イヤー・ナンバー「8」は、「力強いエネルギー」が満ちあふれる年。お金も大事なテーマとなるでしょう。パーソナル・イヤー・ナンバーが「4」の人は、安定を保ったり、ベースを整えたりすることで、幸運を呼び込む傾向が高まります。

お金を循環させることで、世の中が潤うときでもありますから、その流れを止めるのではなく、必要なものはしっかり投資するという、その視点を大事にしましょう。キープするもの、投資するもののバランスと基本を考える年回りでもあります。

パーソナル・イヤー・ナンバー5の引き寄せ行動

ユニバーサル・イヤー・ナンバー「8」の世の中は、不可能を可能に変えてしまうほどの「大きなパワー」に満ちあふれています。社会全体が、目標に向けて大きく動いていくでしょう。

パーソナル・イヤー・ナンバー「5」は、変化を求めて自由に生きたい欲求が高まるとき。この年のチャレンジは、世間の理解や応援とも相まって、力業《ちからわざ》で乗り越えることができるかもしれません。未知の冒険や、少々無謀とも思える挑戦も、この時期ならぜひトライするべきです。

パーソナル・イヤー・ナンバー6の引き寄せ行動

ユニバーサル・イヤー・ナンバー「8」の世の中は、さまざまな動きが活発化して、地位や名誉、財力など「わかりやすい成功を成し遂げる」人が増えるかもしれません。パーソナル・イヤー・ナンバー「6」のテーマは「献身的な姿勢」です。

成功して欲しいと願う大切な人のサポートに回るとよいでしょう。この年に奉仕をしたことは、自分の成功とは直結していないように感じるかもしれませんが、ゆくゆくは大きな功績となって戻ってくることも十分にあり得ます。

8

Universal Year Number

パーソナル・イヤー・ナンバー7の引き寄せ行動

ユニバーサル・イヤー・ナンバー「8」は、世の中全体が活気にあふれ、「動」のエネルギーによってさまざまな成功や達成が成し遂げられるでしょう。パーソナル・イヤー・ナンバー「7」は、立ち止まって内省することがテーマとなりますから、どちらかといえば「静」の一年になります。世間の人たちの華やかな活躍が気になるかもしれませんが、目を向けて欲しいのは、その背景です。どうすればその成功につながるのか、自分の未来のために、じっくりと観察し、分析することで、幸運を引き寄せることが可能となるでしょう。

パーソナル・イヤー・ナンバー8の引き寄せ行動

ユニバーサル・イヤー・ナンバー「8」の世の中は、エネルギーに満ちあふれ、「成功や達成」と縁のある一年になるでしょう。パーソナル・イヤー・ナンバーが「8」に当たる場合は、その流れに最も乗りやすいといえます。

このチャンスを生かし、目標に向かって猪突猛進しましょう。ただし、大きな成功をつかむには、高いハードルを越える必要が。とはいえ、その高いハードルを越えることが、自らを高めることにつながり、結局は幸運を引き寄せることにつながります。

パーソナル・イヤー・ナンバー9の引き寄せ行動

ユニバーサル・イヤー・ナンバー「8」は、「発展や繁栄の空気」が社会全体に広まります。パーソナル・イヤー・ナンバーが「9」の年は、これまでの流れに区切りをつけることがテーマです。自身も目標を達成していれば、もちろんここで一度区切りをつけることが大事。ただ、目標を達成していなくても、現状に固執することはやめましょう。一度区切りをつけること自体が、「気づき」を促してくれることもあります。引き際が肝心と受け止めることで、幸運を引き寄せやすくなるでしょう。

9
Universal Year Number

ユニバーサル・イヤー・ナンバー

Universal Year Number 9

9年の時を経て 完成と収束を迎える

ユニバーサル・イヤー・ナンバー「9」の年は、いよいよ「完結」を迎えます。「1」の年で始めたことが、9年の時を経て、なんらかの形、答えが出る年です。

しっかりとプロセスを踏んだものは、前年「8」の年に大きな実を結びました。実をつけて収穫したものも、あやふやになって中途半端になったことや、なかなか目標達成に至らなかったものも、一度ここで収束させる流れになるでしょう。

また社会においては、なかなか解決せずに議論されていたような問題がこの年に解決したり、大きな方向性が示されたりする兆しが出てきます。例えば、法律の改正問題のような大きな懸案事項から、ネット社会のモラルといった身近な問題など。人々の意見が錯綜しているものなど、この年に落ち着いていく可能性が高まるでしょう。

仕事などでも、一段落して新たなステージを迎えたり、ずっと気にかかっていた人間関係やトラブルが、この年に清算されることも考えられます。

これらの決着がつくことによって、不安定だった要素が解消され、混乱から解放されて自由になることができるでしょう。そして、さらなる発展が待つ次のサイクルへと向かうこととなるのです。

パーソナル・イヤー・ナンバー1の引き寄せ行動

ユニバーサル・イヤー・ナンバー「9」は、続いてきたものが「収束する流れ」になります。パーソナル・イヤー・ナンバー「1」は、新しい流れを作ることで運気を引き寄せるタイミングです。

この時期、何かをスタートする際には、「ただなんとなくやってみたかったから」というような、あやふやな動機で始めるとうまくいきません。流れを変えるチャンスと理解し、一度手放したほうがよいものを、しっかり清算してからスタートを切ることが、幸運を引き寄せるポイントとなります。

パーソナル・イヤー・ナンバー2の引き寄せ行動

ユニバーサル・イヤー・ナンバー「9」は、今まで持続してきたものを見直して「完成させる」ことがテーマになる年です。パーソナル・イヤー・ナンバー「2」は、人間関係にスポットが当たる年。

今の人間関係が、自分にとって本当に必要な「ご縁」なのか、試されることが起こりそうです。今まで無理をして合わせてきた人やモヤモヤする思いを抱いた人とは、一度関係を見直すこととなるでしょう。それによって、本当に大切な人たちがクローズアップされてきます。大事な人との絆が、より深まる一年になるはず。

パーソナル・イヤー・ナンバー3の引き寄せ行動

ユニバーサル・イヤー・ナンバー「9」は、社会全体に「完結のムード」が広がります。パーソナル・イヤー・ナンバー「3」は、創造性が高まる年。完結と創造性ではエネルギーの方向が異なる印象があります。ですが、終わらせたほうがよいものをはっきりさせることで、何を創造していくのがよいのかが、見えてくるともいえるでしょう。その際大事にするポイントは、それをすることで心がときめくかどうか、です。ワクワクすることに関わることが、その先の成功をつかむカギとなるでしょう。

9
Universal Year Number

パーソナル・イヤー・ナンバー4の引き寄せ行動

ユニバーサル・イヤー・ナンバー「9」は、今まで継続してきたものに「区切り」がつく年。完成を迎えるものもあれば、未完でも収束させたほうがよいものも出てくるでしょう。パーソナル・イヤー・ナンバー「4」は、現実と向き合い、基礎固めや安定を図ることがテーマになる年です。基礎を見直すためにも、一度、区切りをつけたほうがよいことを検討してみてください。生活環境や住まい、貯金、保険などを見直すことでもよいでしょう。その作業をすることで、より安定した現実を引き寄せることにつながり、土台が固まるはずです。

パーソナル・イヤー・ナンバー5の引き寄せ行動

ユニバーサル・イヤー・ナンバー「9」は、継続してきたものに、いったん「区切り」をつける年になります。パーソナル・イヤー・ナンバー「5」は、変化や冒険をすることで幸運を引き寄せられるときです。大きくジャンプアップするためには、まずは不要なものを手放す必要があります。それには何を清算し、どこを変化させればよいのかを見極めることが大切。めまぐるしく活動しがちな年になるので、的確な取捨選択を行うことで、どう変化していけばステージを高めることにつながるのか、答えが見えてくるでしょう。

パーソナル・イヤー・ナンバー6の引き寄せ行動

ユニバーサル・イヤー・ナンバー「9」は、続いてきた事柄に「区切り」がつく年です。パーソナル・イヤー・ナンバー「6」は、育てることがテーマとなります。人をサポートする過程で、いったん区切りをつけたほうがよいこと、このやり方ではダメだと思うことに気づく可能性があるでしょう。もしかしたら、よかれと思ってしてきたことが、間違っていると気づくかもしれません。相手にとって本当に必要なことは、「手を貸さない」という愛情だと気づくことで、大きく成長できる可能性もあるでしょう。

パーソナル・イヤー・ナンバー7の引き寄せ行動

ユニバーサル・イヤー・ナンバー「9」は、いろいろなものが「収束に向けて動く」年になります。パーソナル・イヤー・ナンバー「7」は、一度立ち止まり、内省を行うことがテーマです。改善したほうがよいもの、終わらせたほうがよいものなどの判断が、容易につくタイミングでしょう。

うまく消化できない場合も、「ここまで続けてきたから」というような惰性は排除することが大切です。終わりにする、という決断を恐れないようにすると、運を引き寄せられるでしょう。

パーソナル・イヤー・ナンバー8の引き寄せ行動

ユニバーサル・イヤー・ナンバー「9」は、さまざまなものが「完結」を迎えます。今まで停滞していたものや、不毛とされたものは淘汰されていくでしょう。パーソナル・イヤー・ナンバー「8」は、パワーがみなぎる年。

社会の流れも受けて、古いものを一掃していこうという気概がいっそう高まります。区切りをつけたほうがよいことをはっきりさせることで、運を呼び込める可能性も。この流れから、飛躍的なステップアップを望むこともできるでしょう。

パーソナル・イヤー・ナンバー9の引き寄せ行動

ユニバーサル・イヤー・ナンバー「9」は、締めくくりの年。過去からの流れが収束に向かい、「決着をつける年」となります。パーソナル・イヤー・ナンバー「9」も、社会全体の流れと同調しており、一度区切りをつけるべきことが出てくるでしょう。

最善の形で完結するものもあれば、未完ではあるけれど、ここで収束させたほうがよいものも出てきます。大切なのは、ここで一度しっかりと区切りをつけ、新しい自分を迎える準備をすること。それが、この先の幸運や成功に大きくつながっていくのです。

column

パーソナル・イヤー・ナンバーで人生の流れを振り返る、見つめ直す

私が占いの門を叩いたのが、ちょうど2000年という節目の年。そのころの私は会社に勤めながら、悶々とした日々を過ごしていました。そんなとき、ふと目に飛び込んできたのが「占いの体験講座」でした。ものは試しと思い、講座へ申し込んだのがパーソナル・イヤー・ナンバー「９」の年。まさにこれまでの生活に区切りをつけたいと思っていたのです。そして本格的に占いの勉強を始めたのが2001年、私のパーソナル・イヤー・ナンバーは「１」の年。占いを始めたタイミングと、「始まり」を表すパーソナル・イヤー・ナンバーがぴったりと一致していることに、これを書きながら改めて驚いています。

また、講師として数秘術を担当することになったのが、2019年。パーソナル・イヤー・ナンバー「１」が巡ってきた年です。「始まり」のタイミングで、数秘術と新しい形で関わることになりました。2020年の「２」の年は、講座のテキストを担当してくれた同じ編集者の方と一緒に、私の数秘術の最初の本が出版され、まさに「つながり」の年を実感。そして、2021年の「３」の「創造」の年には、「数秘術」と「引き寄せ」を組み合わせた本書が発売される流れに……。またしても数秘術のサイクルの波に乗っていることを、身をもって感じています。

自身の人生に大きく関わっていることが、数秘術の流れに合致しているかどうか、みなさんもぜひたどってみてください。流れに合致していると感じる場合は、「その道は間違っていないよ」と、数字が教えてくれているのかもしれません。

付録

パーソナル・チャート作成表

引き寄せパーソナル・チャート作成表

運勢サイクル作成表

運勢サイクルシート

パーソナル・チャート作成表 ①

ライフ・パス・ナンバー
Life Path Number

ディスティニー・ナンバー
Destiny Number

ソウル・ナンバー
Soul Number

パーソナリティー・ナンバー
Personality Number

バースデー・ナンバー
Birthday Number

ライフ・パス・ナンバー
Life Path Number

生年月日から算出

西暦	生まれ月	生まれ日	合計	1桁に還元
+ + +	+ +	+	=	➡

11、22、33はそのまま

ディスティニー・ナンバー
Destiny Number

①氏名をローマ字で綴る（p.51参照）

②数字に変換して算出（p.279参照）

＝ ➡

合計　1桁に還元（11、22、33はそのまま）

ソウル・ナンバー

Soul Number

①氏名の母音のみ取り出す

②数字に変換して算出

＝ ➡

合計　1桁に還元（11、22、33はそのまま）

パーソナリティー・ナンバー

Personality Number

①氏名の子音のみ取り出す

②数字に変換して算出

＝ ➡

合計　1桁に還元（11、22、33はそのまま）

バースデー・ナンバー

Birthday Number

生年月日から算出

＋ ＝ ➡

生まれ日　合計　1桁に還元

11日、22日生まれは
そのまま

変換表

1	2	3	4	5	6	7	8	9
A	B	C	D	E	F	G	H	I
J	K	L	M	N	O	P	Q	R
S	T	U	V	W	X	Y	Z	

パーソナル・チャート作成表 ②

ライフ・パス・ナンバー
Life Path Number

ディスティニー・ナンバー
Destiny Number

ソウル・ナンバー
Soul Number

パーソナリティー・ナンバー
Personality Number

バースデー・ナンバー
Birthday Number

ライフ・パス・ナンバー
Life Path Number

生年月日から算出

□ + □ + □ + □ + □ + □ + □ + □ = □□ ➡ □

西暦　生まれ月　生まれ日　合計　1桁に還元

11、22、33はそのまま

ディスティニー・ナンバー
Destiny Number

①氏名をローマ字で綴る(p.51参照)

②数字に変換して算出(p.281参照)

= □□ ➡ □

合計　1桁に還元（11、22、33はそのまま）

ソウル・ナンバー

Soul Number

①氏名の母音のみ取り出す

②数字に変換して算出

= 合計 → 1桁に還元（11、22、33はそのまま）

パーソナリティー・ナンバー

Personality Number

①氏名の子音のみ取り出す

②数字に変換して算出

= 合計 → 1桁に還元（11、22、33はそのまま）

バースデー・ナンバー

Birthday Number

生年月日から算出

生まれ日 + 生まれ日 = 合計 → 1桁に還元

生まれ日

11日、22日生まれは
そのまま

変換表

1	2	3	4	5	6	7	8	9
A	B	C	D	E	F	G	H	I
J	K	L	M	N	O	P	Q	R
S	T	U	V	W	X	Y	Z	

パーソナル・チャート作成表 ③

ライフ・パス・ナンバー
Life Path Number

ディスティニー・ナンバー
Destiny Number

ソウル・ナンバー
Soul Number

パーソナリティー・ナンバー
Personality Number

バースデー・ナンバー
Birthday Number

ライフ・パス・ナンバー
Life Path Number

生年月日から算出

＋ ＋ ＋ ＋ ＋ ＋ ＋ ＝ ➡

西暦　生まれ月　生まれ日　合計　1桁に還元

11、22、33はそのまま

ディスティニー・ナンバー
Destiny Number

①氏名をローマ字で綴る（p.51参照）

②数字に変換して算出（p.283参照）

＝ ➡

合計　1桁に還元（11、22、33はそのまま）

ソウル・ナンバー

Soul Number

①氏名の母音のみ取り出す

②数字に変換して算出

＝

合計

1桁に還元（11、22、33はそのまま）

パーソナリティー・ナンバー

Personality Number

①氏名の子音のみ取り出す

②数字に変換して算出

＝

合計

1桁に還元（11、22、33はそのまま）

バースデー・ナンバー

Birthday Number

生年月日から算出

＋　＝

生まれ日

合計

1桁に還元

11日、22日生まれは
そのまま

変換表

1	2	3	4	5	6	7	8	9
A	B	C	D	E	F	G	H	I
J	K	L	M	N	O	P	Q	R
S	T	U	V	W	X	Y	Z	

引き寄せパーソナル・チャート

変更後の氏名（アルファベットで）

ディスティニー・ナンバー / *Destiny Number*

氏名を数字に変換して算出

＝ →

合計　1桁に還元（11、22、33はそのまま）

ソウル・ナンバー / *Soul Number*

氏名の母音のみ取り出し、数字に変換して算出

＝ 合計 → 1桁に還元

11、22、33はそのまま

パーソナリティー・ナンバー / *Personality Number*

氏名の子音のみ取り出し、数字に変換して算出

＝ 合計 → 1桁に還元

11、22、33はそのまま

ライフ・パス・ナンバー *Life Path Number*

ディスティニー・ナンバー *Destiny Number*

ソウル・ナンバー *Soul Number*

パーソナリティー・ナンバー *Personality Number*

バースデー・ナンバー *Birthday Number*

運勢サイクル作成表

パーソナル・イヤー・ナンバー
Personal Year Number

□ + □ + □ + □ + □ + □ + □ + □ = □□ ➡ □ A

生まれ月　生まれ日　運勢を知りたい年　合計　1桁に還元

パーソナル・マンス・ナンバー
Personal Month Number

□ + □ + □ = □□ ➡ □ B

A　運勢を知りたい月　1桁に還元

パーソナル・デー・ナンバー
Personal Day Number

□ + □ + □ = □□ ➡ □

B　運勢を知りたい日

ユニバーサル・イヤー・ナンバー
Universal Year Number

□ + □ + □ + □ = □□ ➡ □

運勢を知りたい年　合計　1桁に還元

※パーソナル・チャートの作成に便利な計算ツールもあります。
https://www.kanon-mizutani.com/number

運勢サイクルシート

西暦											
年齢	*1*	*2*	*3*	*4*	*5*	*6*	*7*	*8*	*9*	*10*	
Personal Year Number											
Universal Year Number											

西暦											
年齢	*24*	*25*	*26*	*27*	*28*	*29*	*30*	*31*	*32*	*33*	
Personal Year Number											
Universal Year Number											

西暦											
年齢	*47*	*48*	*49*	*50*	*51*	*52*	*53*	*54*	*55*	*56*	
Personal Year Number											
Universal Year Number											

西暦											
年齢	*70*	*71*	*72*	*73*	*74*	*75*	*76*	*77*	*78*	*79*	
Personal Year Number											
Universal Year Number											

	11	*12*	*13*	*14*	*15*	*16*	*17*	*18*	*19*	*20*	*21*	*22*	*23*

	34	*35*	*36*	*37*	*38*	*39*	*40*	*41*	*42*	*43*	*44*	*45*	*46*

	57	*58*	*59*	*60*	*61*	*62*	*63*	*64*	*65*	*66*	*67*	*68*	*69*

	80	*81*	*82*	*83*	*84*	*85*	*86*	*87*	*88*	*89*	*90*	*91*	*92*

Profile

水谷奏音

Kanon Mizutani

フォーチュンカウンセラー
商社で社長・役員秘書を務め、在勤中にフォーチュンカウンセラーのライセンスを取得し、独立。数秘術のほかに、パワーストーン、西洋占星術、タロットカード、カラー、アロマをツールに鑑定・カウンセリング・商品開発を行う。雑誌・各種媒体の占い連載など、執筆活動を多数手がける。スクールで数秘術講座などを担当し、多方面で活躍中。著書に『基礎からわかる数秘術の完全独習』(日本文芸社)がある。

https://www.kanon-mizutani.com

Staff

デザイン
楯 まさみ(Side)

執筆協力
鶴島よしみ、山田 彩

校正
石井文雄

DTP
アーティザンカンパニー株式会社

編集
村松千絵(Cre-Sea)

本書の内容に関するお問い合わせは、お手紙かメール(jitsuyou@kawade.co.jp)にて承ります。恐縮ですが、お電話でのお問い合わせはご遠慮くださいますようお願いいたします。

なりたい自分になる
引き寄せ数秘術の教科書

2021年5月19日　初版印刷
2021年5月29日　初版発行

著　者　水谷奏音
発行者　小野寺優
発行所　株式会社河出書房新社
〒151-0051
東京都渋谷区千駄ヶ谷2-32-2
電　話　03-3404-1201(営業)
03-3404-8611(編集)
https://www.kawade.co.jp/

印刷・製本　図書印刷株式会社

Printed in Japan
ISBN978-4-309-28891-8

落丁本・乱丁本はお取り替えいたします。
本書のコピー、スキャン、デジタル化等の無断複製は著作権法上での例外を除き禁じられています。本書を代行業者等の第三者に依頼してスキャンやデジタル化することは、いかなる場合も著作権法違反となります。